Quark
Kuchen
Schlemmereien für Genießer

Oda Tietz

Quark Kuchen

Schlemmereien für Genießer

Weltbild

Inhalt

Tipps, Tricks & Zutaten

Alle Zutaten sollten frisch sein und vor Backbeginn in Reichweite stehen. Wiegen Sie die Zutaten ab. Falls nicht extra angegeben, sollten sie die gleiche Temperatur haben.

Allerlei gute Zutaten

Quark gehört zu den Milchprodukten – und die spielen bei Quarkkuchen natürlich die Hauptrolle.

• **Speisequark** (auch Topfen, Matte oder Glumse genannt) ist ein Frischkäse, der aus dickgelegter Milch hergestellt wird. Der Handel bietet ihn in unterschiedlichen Fettstufen, vom Magerquark bis zum Sahnequark, an. Er ist von weicher und streichfähiger Konsistenz und sehr eiweißreich. Je mehr Fett der Quark enthält, desto zartcremiger und feiner ist er. Für die angegebenen Rezepte wurde Sahnequark (Fettstufe 40 %) verwendet. Wer das Backwerk weniger gehaltvoll wünscht, kann auch zur geringeren Fettstufe (20 %) oder, wenn im Rezept außerdem Sahne verwendet wird, auch zur Magerstufe greifen.
Quark sollte für die Kuchen, Torten und die Füllungen stets abgetropft verwendet werden. Dafür legt man ein Haarsieb mit einem angefeuchteten Mulltuch aus und hängt es über eine Schüssel. Dann wird der Quark eingefüllt und mit Klarsichtfolie abgedeckt. An einem kühlen Ort lässt man den Quark 3 bis 4 Stunden abtropfen. Danach sollte der trockene Quark durch ein Sieb gestrichen werden.

• **Joghurt** wurde ursprünglich aus Schaf-, Ziegen- oder Büffelmilch zubereitet. Heute wird pasteurisierte Kuhmilch verwendet und mit Milchsäurebakterien angereichert. Joghurt gibt es im Handel in verschiedenen Fettstufen (Sahnejoghurt, Magermilchjoghurt, fettarmer Joghurt und Vollmilchjoghurt). Für die Rezepte wurde immer Vollmilchjoghurt verwendet.

• **Schmant** ist ein löffelfester Sauerrahm mit mindestens 20 Prozent Fett.

• Unter **saurer Sahne** versteht man frische Sahne, die mit Milchsäurebakterien versetzt wurde. Ihr Fettgehalt schwankt zwischen 10 und 28 Prozent.

• **Crème fraîche** ist ein Sauerrahm mit mindestens 30 Prozent Fett.

• **Doppelrahm-Frischkäse** mit einem Fettgehalt von 60 bis 85 Prozent ist etwas fester als Quark und sahnig-mild im Geschmack.

• **Schlagsahne** hat einen Fettgehalt von mindestens 30 Prozent. Je höher der Fettgehalt, desto mehr Volumen bekommt die Sahne beim Schlagen. Außerdem bleibt sie fester in der Konsistenz. Schlagsahne, die bereits 2 bis 3 Tage im Kühlschrank steht und gut durchgekühlt ist, lässt sich besser steif schlagen als »taufrische« Sahne.

• **Gelatine** ist ein wichtiger Stabilisator für Füllungen mit Quark- und Sahnecremes. Sie ist neutral im Geschmack und darf nicht zu stark erhitzt werden, denn dann verliert sie ihre gelierende Wirkung. Für die Quarkkuchen und -torten in diesem Buch wurde immer Blattgelatine verwendet. Die Blätter werden in kaltem Wasser eingeweicht, ausgedrückt und danach in etwas leicht erwärmter Flüssigkeit aufgelöst.

• **Eier** dienen als Bindemittel und liefern dem Backwerk Glanz, Farbe und Nährwert. Da sie zu den leicht verderblichen Lebensmitteln gehören, sollten sie immer ganz frisch sein: Schlagen Sie das Ei über einer Tasse auf. Ist das Eigelb kugelig und das Eiweiß breiartig, steht dem Backvergnügen nichts im Weg. Für die Rezepte im Buch wurden Eier von frei laufenden Hühnern der Gewichtsklasse 2 (65–70 Gramm) verwendet.

• Damit sich **Eiweiß** steif schlagen lässt, sollte es gut vom Eigelb getrennt werden und vorher kalt stehen. Das Eiweiß erst schlagen, wenn es sofort verarbeitet werden kann. Dafür sollten die Arbeitsgeräte sauber und fettfrei sein. Gibt man dem Eiweiß beim Aufschlagen eine Prise Salz zu, wird es geschmeidiger. Wichtig: Teige mit Eischnee nicht stehen lassen, sondern sofort in den Backofen schieben!

• **Mehl** immer vor der Teigbereitung sieben. Dann ist es aufgelockert und verbindet sich besser mit den übrigen Zutaten. Gut geeignet zum Kuchenbacken ist Weizen-Auszugsmehl

Type 405 und 550. Lagern Sie Mehl trocken und schützen Sie es vor Fremdgerüchen.

• Soll der Teig feinporig und zart sein, ersetzt man einen Teil des Mehls durch **Speisestärke**.

• **Backpulver** hebt das Backwerk und macht es locker und luftig. Damit es seine Wirkung voll entfaltet, wird es mit Mehl vermischt, bevor es zum Teig gegeben wird.

• **Hefe** macht den Teig leicht, locker und aromatisch. Der Umgang mit ihr ist einfach, wenn man beachtet, dass sie keine Zugluft mag und nicht unmittelbar mit Salz, Fett und kalter Flüssigkeit in Berührung kommen sollte. Zucker und Honig unterstützen die Triebkraft der Hefe. Alle Zutaten für Hefeteig sollten die gleiche Temperatur haben, am besten Zimmertemperatur. Vorteig und Teig brauchen Zeit und Ruhe zum Aufgehen – zugedeckt an einem warmen Ort bei 20 bis 30 °C.

Die Tricks der Profi-Bäcker

Ein paar kleine Tricks erleichtern das Kuchenbacken ungemein.

- Eine **Garprobe** ist ratsam, besonders bei höheren Kuchen. Dafür ein Holzstäbchen in den Teig stechen. Wenn beim Herausziehen kein Teig mehr daran haftet, ist der Kuchen durchgebacken.
- **Teigböden** lassen sich leicht trennen, wenn mit einem spitzen Messer die einzelnen Schichten markiert werden. Dafür den Boden an den entsprechenden Stellen ringsum einen Zentimeter tief einschneiden. Mit einem Tortenschneider lässt sich der Boden schnell teilen. Wer keinen Tortenschneider besitzt, kann sich mit reißfestem Zwirn helfen. Einfach den Zwirn um die Einschnitte legen, die Enden überkreuzen und den Boden mit straff gespanntem Faden teilen. Biskuitböden sollte man, wenn möglich, über Nacht stehen lassen. Sie lassen sich dann besser durchschneiden. Sollten sie beim Schneiden dennoch einen Riss bekommen, kann man den mit etwas Eiweiß kitten.
- Mit **Marmelade, Konfitüre** oder **Gelee** lassen sich Quarkkuchen und -torten ganz einfach verfeinern. Wenn keine Kinder mitessen, kann man sie zusätzlich mit Likör, Obstgeist oder Rum veredeln.
- Mit Quarkmasse gefüllte Kuchen lassen sich **leichter schneiden,** wenn man das Messer in heißes Wasser taucht und abtrocknet.
- Quarkkuchen und -torten kann man fantasievoll herausputzen. **Kuvertüre** eignet sich gut für Glasuren. Sie bleibt glänzend, wenn sie nach Abkühlen ein weiteres Mal geschmolzen und erst dann aufgestrichen wird. Man kann aber auch Verzierungen aus Kuvertüre bereiten. Füllen Sie geschmolzene Kuvertüre auf ein Backblech und schaben Sie mit einem Spatel davon kleine Röllchen ab.

Die Masse eignet sich auch zum Ausstechen mit kleinen Ausstechformen wie Herzen oder Kleeblätter. **Schokoraspeln** lassen sich mithilfe einer Reibe mit grober Scheibe herstellen. Die Kuvertüre sollte dafür gut gekühlt sein.

- Ein zauberhafter Kontrast auf Quarktorten sind **Schokoladenfrüchte**. Tauchen Sie zum Beispiel Erdbeeren, Trauben, Kirschen, Ananasstücke, Kumquats oder Stachelbeeren zur Hälfte in geschmolzene Kuvertüre. Danach auf einem Kuchengitter den Überzug erstarren lassen.

• **Nüsse** (z. B. Pistazien, Mandeln, Walnüsse, Haselnüsse) verfeinern geröstet, gemahlen oder geraspelt Teige und Füllungen und sind obendrein eine hübsche Garnitur auf Sahne und Glasuren. Beachten Sie, dass man Nüsse nicht über einen längeren Zeitraum lagern kann. Sie verlieren ihr Aroma und werden ranzig. Bei geöffneten Packungen ist rascher Verbrauch ratsam.

• **Zuckerblüten** geben Kuchen und Torten eine festliche Note. Die Herstellung der Blüten in verzuckerter Rüstung erfordert zwar etwas Zeit, das Ergebnis jedoch ist beachtlich. Bei der Verwendung von essbaren Blüten ist darauf zu achten, dass nur ungespritzte verwendet werden dürfen. Das Backwerk bekommt außerdem einen besonderen Pfiff, wenn es mit Rosenlikör, Rosenmarmelade, Holunderblüten und Holunderblütensaft verfeinert wird.

Der richtige Teig

Für jedes Gebäck den richtigen Teig. Backen Sie sich durch die vielfältige Teiglandschaft:

• **Mürbteig:** Er wünscht kalte Zutaten, viel Butter und wenig Eier, denn sie machen den Teig hart. Gefordert sind obendrein kräftige Hände, die gut kneten können. Nach dem Kneten will sich der Teig im Kühlschrank ausruhen – mindestens 30 Minuten.

• **Hefeteig:** Die Herstellung dieses leichten und lockeren Teigs ist einfach, wenn man beachtet, dass Hefe keine Zugluft mag, unmittelbare Berührung mit Salz verübelt, denn das Salz entzieht den Hefezellen die Feuchtigkeit. Hefe mag auch keine unmittelbare Berührung mit Fett, das verhindert, dass Hefezellen sich vermehren. Außerdem mag Hefe keine zu heiße Flüssigkeit, denn sie tötet die Hefebakterien ab, oder kalte Flüssigkeit, die die Entwicklung der Triebkraft verringert.

• **Rührteig:** Die Reihenfolge der Teigzubereitung beim Rührteig ist immer die gleiche und leicht zu merken. Zuerst die Butter schaumig schlagen, dann den Zucker unterrühren, bis er sich aufgelöst hat. Danach einzeln die Eier unterrühren und zuletzt das mit Backpulver vermischte, gesiebte Mehl. Sobald das Mehl nicht mehr sichtbar ist, nicht mehr rühren, denn zu langes Rühren aktiviert das Klebereiweiß im Mehl, und der Teig wird zäh. Perfekt ist der Teig, wenn er schwer reißend vom Löffel fällt.

• **Quark-Öl-Teig:** Das Öl sollte bei dieser Art von Teig keinesfalls durch anderes festes Fett ersetzt werden. Dieser Teig sollte nach dem Backen rasch verzehrt werden, denn er wird schnell trocken.

• **Biskuit:** Biskuitteig soll locker und federleicht sein. Die Masse aus Eiern, Zucker und Mehl muss deshalb ausdauernd geschlagen werden. Kommt Butter an den Teig, gibt man sie flüssig, aber abgekühlt zur Schaummasse. Wichtig ist, dass der Teig sofort nach der Zubereitung in den Backofen geschoben wird, weil sonst die Luft wieder aus der Masse entweicht und er zusammenfällt.

Locker-leckere Quarkkuchen

Quark hat das ganze Jahr über Saison. Egal ob Sie sich für einen Quarkkuchen mit Äpfeln, Pflaumen oder Aprikosen entscheiden oder für einen cremigen Schokoladenkuchen – sie alle haben etwas gemeinsam: Sie duften um die Wette, sehen lecker aus und sind für den Gaumen eine lustvolle Versuchung.

Kirmeskuchen

Zutaten für 1 Backblech
ca. 45 x 35 cm, ergibt 20 Stücke

Teig
- 350 g Mehl
- 25 g frische Hefe
- 80 g Zucker
- 200 ml Milch
- 80 g weiche Butter
- 1 Ei
- 1 Prise Salz
- 1 TL abgeriebene Schale von 1 unbehandelten Zitrone
- 50 g gemahlene Mandeln

Belag
- 1 kg abgetropfter Quark
- 3 Eier
- 1 Prise Salz
- 125 g Zucker
- 100 g Schmant
- 1 EL Vanille-Puddingpulver

Streusel:
- 250 g Butter
- 250 g Zucker
- 225 g Mehl
- 50 g gemahlene Mandeln
- 1 Prise Zimt
- 80 g Butter

1 Das Mehl in eine Schüssel sieben, in die Mitte eine Vertiefung drücken. Die Hefe zerbröckeln, mit 1 Teelöffel Zucker in lauwarmer Milch verrühren, in die Vertiefung gießen, mit etwas Mehl vom Rand zu einem breiartigen Vorteig verrühren. Zugedeckt an einem warmen Ort 20 Minuten gehen lassen.

2 Restlichen Zucker, Butter in Flöckchen, Ei, Salz, Zitronenschale und Mandeln auf dem Mehlrand verteilen. Von der Mitte her die Zutaten zu einem glatten Teig verkneten, zugedeckt nochmals 30 Minuten gehen lassen.

3 Den Backofen auf 200 °C (Gas Stufe 3, Umluft 180 °C) vorheizen. Den Quark durch ein Sieb in eine Schüssel geben. Die Eier trennen. Eigelb, Salz, Zucker, Schmant und Vanille-Puddingpulver mit dem Quark verrühren. Das Eiweiß steif schlagen und unterheben.

4 Ein Backblech einfetten. Den Teig auf bemehlter Fläche ausrollen, auf das Backblech legen, einen Rand hochziehen, Teigboden mit einer Gabel mehrmals einstechen. Die Quarkmasse daraufgeben und glatt streichen.

5 Butter, Zucker, Mehl, Mandeln und Zimt rasch zu Streuseln formen und auf den Quark streuen. Die Butter in Flöckchen daraufsetzen. Im vorgeheizten Backofen etwa 35 Minuten backen.

Zutaten für 1 Backblech
ca. 45 x 35 cm, ergibt 20 Stücke

Teig
- 200 g Mehl
- 1 TL Backpulver
- 125 g Zucker
- 1 Päckchen Vanillezucker
- 1 Prise Zimt
- 1 Ei
- 2 EL Kakao
- 125 g kalte Butter
- 50 g zerkleinerte Zartbitterschokolade
- 50 g gehackte Haselnüsse

Fruchtbelag
- 500 g Holunderbeeren
- 500 g Zwetschgen
- 2 Birnen
- 150 g Zucker
- Saft von 1 Zitrone
- Je $\frac{1}{2}$ TL gemahlene Nelken und Zimt
- 1 EL Speisestärke

Quarkbelag
- 4 Blatt rote Gelatine
- 300 g abgetropfter Quark
- 200 g Doppelrahm-Frischkäse
- 100 ml Holundersaft
- 100 g Zucker
- 250 ml Schlagsahne

Guss
- 2 Päckchen roter Tortenguss
- $\frac{1}{2}$ l Holundersaft
- 100 g weiße Kuvertüre

Quarkkuchen
mit Holunderbeeren

1 Mehl und Backpulver vermischen und in eine Schüssel sieben. In die Mitte eine Vertiefung drücken und Zucker, Vanillezucker, Zimt, Ei und Kakao hineingeben. Mit einem Teil des Mehls verkneten. Die Butter in Stücke schneiden und mit der Schokolade und den Nüssen einarbeiten. Alles zu einem glatten Teig verkneten und 30 Minuten kühl stellen. Den Backofen auf 200 °C (Gas Stufe 3, Umluft 180 °C) vorheizen. Ein Backblech einfetten, den Teig daraufgeben und etwa 20 Minuten backen. Herausnehmen, auskühlen lassen.

2 Holunderbeeren waschen und von den Rispen streifen. Zwetschgen waschen, entsteinen und halbieren. Birnen schälen, entkernen und in Stücke schneiden. Das Obst mit wenig Wasser, Zucker, Zitronensaft, Nelken und Zimt in einem Topf zum Kochen bringen, dabei umrühren. Die Speisestärke in etwas kaltem Wasser glatt rühren und zum Obst geben, aufkochen lassen, vom Herd nehmen. Die Gelatine in etwas kaltem Wasser einweichen. Quark, Frischkäse, Holundersaft und Zucker verrühren. Die Gelatine tropfnass in einem kleinen Topf erwärmen und auflösen, dann in die Quarkmischung einrühren. Die Schlagsahne steif schlagen und unterheben.

3 Den ausgekühlten Boden mit der Fruchtmasse bestreichen. Die Quarkmischung darübergeben und glatt streichen. Den Tortenguss mit Holundersaft zubereiten. Über den Kuchen gießen. Die Kuvertüre im heißen Wasserbad schmelzen, den Kuchen verzieren.

Quarkkuchen
mit Birnen

Zutaten für 1 Backblech
ca. 45 x 35 cm, ergibt 20 Stücke

Teig
- 200 g abgetropfter Quark
- 200 ml Milch
- 100 ml Öl
- 100 g Zucker
- 1 Prise Salz
- 400 g Mehl
- 3 TL Backpulver
- 2 EL Zwiebackbrösel

Fruchtbelag
- 4 Birnen
- 2 EL Zitronensaft
- 2 EL Zucker
- 250 ml Weißwein

Quarkbelag
- 3 Eier
- 500 g abgetropfter Quark
- 100 g getrocknete Aprikosen
- 150 g Zucker
- 50 g Mehl
- 1 Päckchen Vanillezucker
- 1 TL abgeriebene Schale von 1 unbehandelten Zitrone
- 3 EL Milch
- 200 ml Schlagsahne
- 100 g dunkle Kuvertüre

1 Den Quark durch ein Sieb in eine Schüssel streichen, mit Milch, Öl, Zucker und Salz verrühren. Mehl und Backpulver vermischen, sieben und unterrühren.

2 Die Birnen schälen, in Viertel schneiden, das Kernhaus entfernen. Mit Zitronensaft beträufeln. Den Zucker in einem Topf karamellisieren. Weißwein und 200 Milliliter Wasser zugeben, erhitzen, damit sich der Zucker auflösen kann. Die Birnen hineingeben, in etwa 4 Minuten weich kochen, sie dürfen aber nicht zerfallen. Vom Herd nehmen, etwas ziehen und dann abtropfen lassen.

3 Den Backofen auf 180 °C (Gas Stufe 2, Umluft 160 °C) vorheizen. Ein Backblech einfetten. Den Teig auf bemehlter Fläche ausrollen, auf das Backblech legen, einen Rand hochziehen. Die Zwiebackbrösel daraufstreuen.

4 Die Eier trennen. Den Quark durch ein Sieb in eine Schüssel streichen. Die Aprikosen klein schneiden, mit Eigelb, Zucker, Mehl, Vanillezucker, der Zitronenschale und der Milch unter den Quark rühren. Sahne und Eiweiß getrennt steif schlagen. Zuerst die Sahne, dann den Eischnee unter die Quarkmasse heben.

5 Die Quarkmasse auf den Teig streichen. Die abgetropften Birnen in die Quarkmasse drücken. Den Kuchen im vorgeheizten Backofen etwa 40 Minuten backen. Herausnehmen und auskühlen lassen. Die Kuvertüre schmelzen und damit Linien über die Birnen ziehen.

Zutaten für 1 Backblech
ca. 45 x 35 cm, ergibt 20 Stücke

Teig
- 300 g Mehl
- 2 TL Backpulver
- 100 g Zucker
- 1 Päckchen Vanillezucker
- 1 Prise Salz
- 1 Ei
- 1 EL Milch
- 150 g kalte Butter

Belag
- 5 Blatt weiße Gelatine
- 300 g abgetropfter Quark
- 200 g Schmant
- 4 EL Zucker
- 2 EL gemahlene Haselnüsse
- 100 g gehackte Haselnüsse
- 3 EL Himbeergeist
- 300 ml Schlagsahne
- 250 g Erdbeer-Rhabarber-Konfitüre
- 150 g geriebene Schokolade

Quark-Sahne-Kuchen

1 Mehl und Backpulver vermischen und in eine Schüssel sieben. In die Mitte eine Vertiefung drücken. Zucker, Vanillezucker, Salz, Ei und Milch hineingeben und mit etwas Mehl vom Rand vermengen. Die Butter in Stücke schneiden, darauflegen, Mehl darüberstäuben. Alles zu einem glatten Teig verkneten. 30 Minuten kalt stellen.

2 Den Backofen auf 200 °C (Gas Stufe 3, Umluft 180 °C) vorheizen. Ein Backblech einfetten. Den Teig ausrollen. Auf das Backblech legen, einen Rand hochziehen und den Teigboden mit einer Gabel mehrmals einstechen. Im vorgeheizten Backofen etwa 20 Minuten backen. Herausnehmen, auskühlen lassen.

3 Die Gelatine in etwas kaltem Wasser einweichen. Den Quark durch ein Sieb streichen, in einer Schüssel mit dem Schmant, dem Zucker und den Nüssen verrühren. Den Himbeergeist erwärmen, die ausgedrückte Gelatine darin auflösen und zur Quarkmasse geben. Die Schlagsahne steif schlagen und unterheben.

4 Den fertigen Boden mit der Konfitüre bestreichen und mit der Quarksahne bedecken. Zum Schluss glatt streichen und mit geriebener Schokolade bestreuen.

Zutaten für 1 Backblech
ca. 45 x 35 cm, ergibt 20 Stücke

Teig
- 300 g Mehl
- 2 TL Backpulver
- 125 g Zucker
- 1 Päckchen Vanillezucker
- 4 EL Milch
- 50 g Butter
- 50 g Schweineschmalz

Quarkbelag
- 500 g abgetropfter Quark
- 100 g Zucker
- 2 Eier
- ½ TL abgeriebene Schale von 1 unbehandelten Zitrone
- 1 Prise Salz
- 1 EL Speisestärke

Obstbelag
- 200 g Butter
- 300 g Zucker
- 250 g Kokosraspel
- 2 Eier
- 1 kg Preiselbeeren oder schwarze Johannisbeeren

Guss
- 150 g Puderzucker
- 2 EL Zitronensaft

Apoldaer Festtagskuchen

1 Mehl und Backpulver vermischen, in eine Schüssel sieben, in die Mitte eine Vertiefung drücken. Zucker, Vanillezucker und Milch hineingeben. Mit etwas Mehl vom Rand verrühren. Butter und Fett in Stücke schneiden, zufügen, mit Mehl bedecken, rasch zu einem glatten Teig verkneten. Eine Kugel formen, 30 Minuten kalt stellen.

2 Für den Quarkbelag den Quark durch ein Sieb in eine Schüssel geben. Zucker, Eier, Zitronenschale, Salz und Speisestärke zugeben, alles glatt rühren.

3 Für den Obstbelag die Butter zerlassen. 200 Gramm Zucker darin auflösen. Die Kokosraspel einrühren. Die Masse etwas auskühlen lassen und die Eier untermengen. Die Beeren verlesen, waschen, in wenig Wasser mit dem restlichen Zucker 5 Minuten dünsten. Die Beeren herausnehmen, abtropfen lassen.

4 Den Backofen auf 200 °C (Gas Stufe 3, Umluft 180 °C) vorheizen. Ein Backblech einfetten. Den Teig auf bemehlter Fläche ausrollen, auf das Backblech legen, einen Rand hochziehen und den Teigboden mit einer Gabel mehrmals einstechen. Die Quarkmasse daraufstreichen. Im Abstand von 2 Zentimetern mit einem Löffel abwechselnd Beeren und Kokosmasse anordnen.

5 Den Kuchen im vorgeheizten Backofen etwa 35 Minuten backen. Herausnehmen. Puderzucker und Zitronensaft verrühren und über den Kuchen ziehen.

Zutaten für 1 Backblech
ca. 45 x 35 cm, ergibt 20 Stücke

Teig
- 400 g Mehl
- 30 g frische Hefe
- 80 g Zucker
- 200 ml Milch
- 100 g weiche Butter
- 1 Ei
- 1 Prise Salz
- $\frac{1}{2}$ TL abgeriebene Schale von 1 unbehandelten Zitrone

Belag
- 80 g Rosinen
- 800 g abgetropfter Quark
- 200 g Schmant
- 125 g Zucker
- 2 Eier
- 1 Päckchen Vanillezucker
- 50 g fein geschnittenes Zitronat
- 2 EL Vanille-Puddingpulver

Streusel
- 100 g gemahlene Pistazien
- 200 g Mehl
- 200 g Zucker
- 1 Eigelb
- 200 g kalte Butter in Stücken
- 100 g dunkle Kuvertüre

Quarkkuchen
mit Pistazienstreuseln

1 Das Mehl in eine Schüssel sieben, in die Mitte eine Vertiefung drücken. Die Hefe zerbröckeln, mit 1 Teelöffel Zucker in etwas lauwarmer Milch verrühren, in die Vertiefung gießen. Mit etwas Mehl vom Rand einen Vorteig anrühren. Zugedeckt 20 Minuten gehen lassen.

2 Auf dem Mehlrand den restlichen Zucker, die Butter in Flöckchen, das Ei, das Salz und die Zitronenschale verteilen. Von der Mitte her die Zutaten zu einem glatten Teig verkneten, dabei die restliche Milch zufügen. Nochmals 30 Minuten gehen lassen.

3 Den Backofen auf 200 °C (Gas Stufe 3, Umluft 180 °C) vorheizen. Ein Backblech einfetten. Die Rosinen waschen und trocken tupfen. Den Quark durch ein Sieb in eine Schüssel streichen. Schmant, Zucker, Eier, Rosinen, Zitronat und Puddingpulver unterrühren. Den Teig auf bemehlter Fläche ausrollen, auf das Backblech legen und einen Rand hochziehen. Teigboden mit einer Gabel mehrmals einstechen. Die Quarkmasse auf den Teig streichen.

4 Pistazien, Mehl, Zucker, Eigelb und Butter rasch zu Streuseln vermengen. Die Streusel auf die Quarkmasse streuen. Den Kuchen etwa 35 Minuten backen, dann aus dem Ofen nehmen. Die Kuvertüre zerkleinern und über heißem Wasserbad schmelzen. Den Kuchen mit der flüssigen Kuvertüre nach Belieben verzieren.

Zutaten für 1 Backblech
ca. 45 x 35 cm, ergibt 20 Stücke

Teig
- 250 g weiche Butter
- 250 g Zucker
- 4 Eier
- 1 Päckchen Vanillezucker
- 250 g Mehl
- 2 TL Backpulver
- 1,5 kg halbierte, entsteinte Aprikosen
- 100 g gehackte Mandeln

Belag
- 125 g Aprikosenkonfitüre
- 5 Blatt weiße Gelatine
- 300 g abgetropfter Quark
- 200 g Joghurt
- 125 g Zucker
- 3 EL Aprikosenlikör
- 300 ml Schlagsahne

Guss
- 200 g dunkle Kuvertüre
- 250 ml Schlagsahne
- 2 Päckchen Vanillezucker

Anstelle der Aprikosen können Sie auch Sauerkirschen oder Heidelbeeren verwenden.

Quarkkuchen
mit Aprikosen

1 Die Butter mit dem Zucker schaumig rühren. Nach und nach die Eier unterrühren, den Vanillezucker zufügen. Mehl und Backpulver vermischen, sieben und unter die Buttermasse rühren.

2 Den Backofen auf 200 °C (Gas Stufe 3, Umluft 180 °C) vorheizen. Ein Backblech einfetten, den Teig darauf glatt streichen. Die Aprikosen auf den Teig legen, die Mandeln darüberstreuen. Im vorgeheizten Backofen bei etwa 25 Minuten backen. Herausnehmen, etwas auskühlen lassen.

3 Die Aprikosenkonfitüre durch ein Sieb streichen und den noch warmen Kuchen damit überziehen. Die Gelatine in etwas kaltem Wasser einweichen. Den Quark durch ein Sieb in eine Schüssel streichen und mit Joghurt, Zucker und Aprikosenlikör verrühren.

4 Die Gelatine tropfnass in einen kleinen Topf geben und auflösen, unter die Quarkmasse rühren. Die Sahne steif schlagen und unter die Quarkmasse heben. Die Quarksahne auf den Aprikosenkuchen geben, glatt streichen und kalt stellen.

5 Sobald die Masse fest geworden ist, die Kuvertüre zerkleinern, im heißen Wasserbad schmelzen und den Belag damit überziehen. Vor dem Servieren die Sahne mit dem Vanillezucker steif schlagen, in einen Spritzbeutel mit Sterntülle füllen, den Kuchen damit verzieren.

Zutaten für 1 Backblech
ca. 45 x 35 cm, ergibt 20 Stücke

Teig
- 500 g Mehl
- 30 g frische Hefe
- 100 g Zucker
- 1/4 l Milch
- 80 g weiche Butter
- 2 Eier
- 1/2 TL abgeriebene Schale von 1 unbehandelten Zitrone
- 1 Prise Salz

Belag
- 2 kg Pflaumen
- 400 g abgetropfter Quark
- 100 g Schmant
- 100 ml Schlagsahne
- 4 Eier
- 100 g Zucker
- 1 Päckchen Vanillezucker
- 2 EL Vanille-Puddingpulver
- Saft und Schale von 1 unbehandelten Zitrone
- 1 EL fein geschnittenes Zitronat
- Puderzucker zum Bestäuben

Sie können statt Zitronat auch ganz fein geschnittene Trockenpflaumen nehmen.

Quarkkuchen
mit Pflaumen

1 Das Mehl in eine Schüssel sieben, in die Mitte eine Vertiefung drücken. Die Hefe zerbröckeln und mit 1 Teelöffel Zucker in etwas lauwarmer Milch verrühren. In die Vertiefung geben und mit etwas Mehl vom Rand zu einem breiartigen Vorteig verrühren. Zugedeckt an einem warmen Ort 20 Minuten gehen lassen.

2 Auf dem Mehlrand den restlichen Zucker, die Butter in Flöckchen, die Eier, die Zitronenschale und das Salz verteilen. Von der Mitte her alle Zutaten zu einem glatten Teig verkneten, dabei die restliche Milch hinzufügen. Nochmals zugedeckt 30 Minuten gehen lassen.

3 Die Pflaumen waschen, halbieren und entsteinen. Den Quark durch ein Sieb in eine Schüssel streichen. Schmant, Sahne, Eier, Zucker, Vanillezucker, Puddingpulver, Zitronensaft und -schale und Zitronat zum Quark geben, alles verrühren.

4 Den Backofen auf 180 °C (Gas Stufe 2, Umluft 160 °C) vorheizen. Ein Backblech einfetten. Den Teig auf bemehlter Fläche ausrollen, auf das Backblech geben, einen Rand hochziehen, Teigboden mit einer Gabel mehrmals einstechen. Die Pflaumen auf dem Teig anordnen und mit der Quarkmasse bedecken. Im vorgeheizten Backofen etwa 40 Minuten backen.

5 Den Kuchen aus dem Ofen nehmen, etwas abkühlen lassen und nach Belieben mit Puderzucker bestäuben.

Zutaten für 1 Backblech
ca. 45 x 35 cm, ergibt 20 Stücke

Teig
- 450 g Mehl
- 30 g frische Hefe
- 100 g Zucker
- 1/4 l Milch
- 1 Ei
- 1 Päckchen Vanillezucker
- 1 Prise Salz
- 80 g weiche Butter

Belag
- 150 g Rosinen
- 6 EL Rum
- 1,5 kg abgetropfter Quark
- 2 Eier
- 1 Prise Salz
- 200 g Zucker
- 1/2 Päckchen Vanille-Puddingpulver
- 2 EL gehackte Mandeln
- 200 ml Schlagsahne

Glasur
- 125 g Apfel-Gelee
- 250 g Puderzucker
- 3 EL Kakao
- 20 g zerlassene Butter

Quarkkuchen

mit Glasur

1 Das Mehl in eine Schüssel sieben, in die Mitte eine Vertiefung drücken. Die Hefe zerbröckeln und mit 1 Teelöffel vom Zucker in etwas lauwarmer Milch auflösen. In die Vertiefung gießen, mit etwas Mehl vom Rand zu einem breiartigen Vorteig verrühren. Zugedeckt an einen warmen Ort stellen und 20 Minuten gehen lassen.

2 Auf dem Mehlrand den restlichen Zucker, Vanillezucker, Salz, Butter in Flöckchen anordnen. Von der Mitte her alle Zutaten zu einem glatten Teig verkneten, dabei die restliche Milch zugeben. Abdecken und nochmals 30 Minuten gehen lassen. Den Backofen auf 180 °C (Gas Stufe 2, Umluft 160 °C) vorheizen.

3 Ein Backblech einfetten. Die Rosinen mit Rum begießen. Den Quark durch ein Sieb streichen. Die Eier trennen. Quark, Eigelb, Salz, Zucker, Puddingpulver, Mandeln und Rosinen einrühren. Das Eiweiß steif schlagen und unterheben. Die Sahne schlagen und unterheben.

4 Den Teig auf bemehlter Fläche ausrollen. Auf das Backblech legen, einen Rand hochziehen, Teigboden mit einer Gabel mehrmals einstechen. Die Quarkmasse daraufstreichen. Im vorgeheizten Backofen etwa 40 Minuten backen. Herausnehmen, etwas auskühlen lassen. Den Kuchen mit Apfel-Gelee bestreichen. Puderzucker durch ein Sieb geben, mit dem Kakao, 2 Esslöffel heißem Wasser und der Butter verrühren. Den Kuchen mit dem Guss bestreichen, mit einer Gabel Muster hineindrücken.

Zutaten für 1 Backblech
ca. 45 x 35 cm, ergibt 20 Stücke

Teig
- 500 g Mehl
- 1 Würfel Hefe (42 g)
- 80 g Zucker
- $^{1}/_{4}$ l Milch
- 2 Eier
- 50 g Zitronat
- 50 g gehackte Mandeln
- 100 g weiche Butter
- 1 Prise Salz

Belag
- 1 kg Äpfel
- Saft von 1 Zitrone
- 100 g weiche Butter
- 125 g Zucker
- 1 Päckchen Vanillezucker
- 1 EL Vanille-Puddingpulver
- 2 Eier
- 500 g abgetropfter Quark
- 125 g Aprikosenkonfitüre
- 2 EL Rosinen
- 1 EL fein geschnittenes Zitronat
- 2 EL gehackte Mandeln

Streusel
- 250 g Butterschmalz
- 250 g Zucker
- 250 g Mehl
- 1 Prise Zimt

Quarkkuchen
mit Äpfeln

1 Das Mehl in eine Schüssel sieben, in die Mitte eine Vertiefung drücken. Die Hefe zerbröckeln, mit 1 Teelöffel Zucker in etwas lauwarmer Milch verrühren, in die Vertiefung gießen und mit etwas Mehl vom Rand zu einem breiartigen Vorteig verrühren. Zugedeckt an einem warmen Ort 20 Minuten gehen lassen.

2 Auf dem Mehlrand den restlichen Zucker, die Eier, das Zitronat, die Mandeln, die Butter in Stückchen und das Salz verteilen. Von der Mitte her alle Zutaten zu einem glatten Teig verkneten, dabei die restliche Milch zufügen. Nochmals 30 Minuten gehen lassen.

3 Die Äpfel schälen, in Viertel, dann in Spalten schneiden, dabei das Kernhaus entfernen. Die Apfelspalten mit Zitronensaft beträufeln. Die Butter mit dem Zucker, dem Vanillezucker, dem Puddingpulver und den Eiern verrühren. Den Quark durch ein Sieb auf die Buttermasse streichen und untermengen.

4 Den Backofen auf 200 °C (Gas Stufe 3, Umluft 180 °C) vorheizen. Den Teig auf bemehlter Fläche ausrollen. Ein Backblech einfetten, den Teig hineinlegen, einen Rand hochziehen und den Teigboden mit einer Gabel mehrmals einstechen. Mit Aprikosenkonfitüre bestreichen. Die Quarkmasse darübergeben. Die Äpfel darauflegen. Rosinen, Zitronat und Mandeln darüberstreuen. Aus Butterschmalz, Zucker, Mehl und Zimt rasch Streusel formen und auf die Äpfel streuen. Etwa 35 Minuten backen.

Zutaten für 1 Backblech
ca. 45 x 35 cm, ergibt 20 Stücke

Teig
- 250 g weiche Butter
- 200 g Zucker
- 1 Päckchen Vanillezucker
- 1 Prise Salz
- 3 Eier
- 4 EL Milch
- 350 g Mehl
- 2 TL Backpulver
- 50 g gehackte Mandeln
- 50 g fein geschnittenes Zitronat
- 200 g Orangenmarmelade

Belag
- 1 Päckchen Vanille-Puddingpulver
- 80 g Zucker
- $^1/_2$ l Milch
- 300 g abgetropfter Quark
- 100 g Schmant
- 3 EL gehackte Mandeln
- 2 Dosen Mandarinen (à 350 g Abtropfgewicht)

Streusel
- 200 g Butter
- 200 g Zucker
- 200 g Mehl
- 2 EL Kakao
- 1 Prise Zimt
- Puderzucker zum Bestäuben

Quarkkuchen
mit Mandarinen

1 Butter, Zucker und Vanillezucker schaumig rühren. Das Salz zugeben. Nach und nach die Eier und die Milch einrühren. Mehl und Backpulver vermischen, sieben und mit den Mandeln und dem Zitronat zum Teig geben und unterrühren.

2 Ein Backblech einfetten, den Teig daraufgeben und glatt streichen. Den Teigboden mit der Orangenmarmelade bestreichen.

3 Das Puddingpulver mit dem Zucker in etwas lauwarmer Milch verrühren. Die restliche Milch zum Kochen bringen, das angerührte Puddingpulver hineinrühren, aufkochen lassen, vom Herd nehmen. Auskühlen lassen, dabei hin und wieder umrühren, damit sich keine Haut bildet.

4 Den Backofen auf 200 °C (Gas Stufe 3, Umluft 180 °C) vorheizen. Den Quark durch ein Sieb streichen und mit dem Schmant verrühren. Die Puddingmasse und die gehackten Mandeln einrühren. Die Quarkmasse auf den Teig streichen. Die Mandarinen gut abtropfen lassen und darauflegen.

5 Aus Butter, Zucker, Mehl, Kakao und Zimt mit den Händen Streusel formen und auf die Mandarinen streuen. Im vorgeheizten Backofen etwa 35 Minuten backen. Herausnehmen, auskühlen lassen, nach Belieben mit Puderzucker bestäuben.

Kokoskuchen
mit Sahnestreuseln

Zutaten für 1 Backblech
ca. 45 x 35 cm, ergibt 20 Stücke

Teig
- 500 g Mehl
- 30 g frische Hefe
- 100 g Zucker
- 1/4 l Milch
- 100 g weiche Butter
- 1 TL abgeriebene Zitronenschale
- 1 Ei
- 1 Prise Salz

Belag
- 1 kg abgetropfter Quark
- 100 ml Schlagsahne
- 2 EL Zucker
- 1 EL Vanille-Puddingpulver
- 200 g Kokosraspel
- 1 TL abgeriebene Schale von 1 unbehandelten Zitrone

Streusel
- 175 g Marzipan-Rohmasse
- 100 g Zucker
- 1 Prise Zimt
- 225 g Mehl
- 225 g kalte Butter
- 100 ml Schlagsahne

1 Das Mehl in eine Schüssel sieben. In die Mitte eine Vertiefung drücken. Die Hefe zerbröckeln, mit 1 Teelöffel Zucker in etwas lauwarmer Milch verrühren, in die Vertiefung gießen. Mit etwas Mehl vom Rand zu einem breiartigen Vorteig verrühren. Zugedeckt an einem warmen Ort 20 Minuten gehen lassen.

2 Auf dem Mehlrand den restlichen Zucker, die Butter in Flöckchen, die Zitronenschale, das Ei und das Salz anordnen. Von der Mitte her die Zutaten zu einem glatten Teig verkneten, dabei die restliche Milch zufügen. Nochmals 30 Minuten gehen lassen.

3 Den Backofen auf 200 °C (Gas Stufe 3, Umluft 180 °C) vorheizen. Für den Belag den Quark durch ein Sieb streichen und mit der Sahne, dem Zucker, dem Puddingpulver, den Kokosraspeln und der Zitronenschale verrühren. Ein Backblech einfetten. Den Teig auf bemehlter Fläche ausrollen, auf das Backblech legen, einen Rand hochziehen und mit einer Gabel mehrmals einstechen.

4 Die Quarkmasse auf den Teigboden streichen. Das Marzipan zerkleinern, Zucker, Zimt, Mehl und Butter zugeben, Streusel formen und auf die Quarkmasse streuen. Im vorgeheizten Backofen etwa 35 Minuten backen. Den fertigen Kuchen herausnehmen und sofort mit flüssiger Sahne übergießen.

Zutaten für 1 Springform
26 cm Ø, ergibt 12 Stücke

Boden

- 200 g Vollkornkekse
- 2 EL Kakao
- 125 g Zucker
- 80 g zerlassene Butter
- 1 Eiweiß
- 50 g geröstete, gehackte Mandeln
- 1 TL Öl

Belag

- 100 g Rosinen
- 2 EL Rum
- 100 g kandierte Früchte (Zitronat, Orangeat, Aprikosen)
- 1 kg abgetropfter Quark
- 125 g Zucker
- $^{1}/_{2}$ TL Speisestärke
- 2 EL Zimt
- 2 Eier
- 2 Eigelb
- 250 g Schmant
- 1 EL Zimtzucker

Quarkkuchen

mit kandierten Früchten

1 Die Kekse in einen Gefrierbeutel füllen, diesen fest verschließen und das Gebäck mit einem Nudelholz zerkrümeln. Statt der Vollkornkekse eignen sich auch normale Butterkekse oder trockene Schokoladenplätzchen für den Boden.

2 Die Kekskrümel mit dem Kakao, dem Zucker, der flüssigen Butter, dem Eiweiß und den Mandeln vermischen. Eine Springform mit Öl einfetten. Die Keksmasse hineingeben und etwas festdrücken. Den Backofen auf 180 °C (Gas Stufe 2, Umluft 160 °C) vorheizen.

3 Die Rosinen waschen, trocken tupfen und mit dem Rum beträufeln. Die kandierten Früchte in feine Stückchen schneiden.

4 Den Quark durch ein Sieb in eine Schüssel streichen. Zucker, Speisestärke, Zimt, Eier, Eigelb, kandierte Früchte und Schmant unterrühren.

5 Die Quarkmasse auf den Keksboden geben und glatt streichen. Im vorgeheizten Backofen etwa 35 Minuten backen. Herausnehmen, auskühlen lassen und vor dem Servieren mit Zimtzucker bestreuen.

Zutaten für 1 Springform
26 cm Ø, ergibt 12 Stücke

Teig
- 200 g Mehl
- 1 TL Backpulver
- 80 g Zucker
- 1 TL Rosenzucker
- 1 Ei
- 80 g kalte Butter

Belag
- 500 g abgetropfter Quark
- 50 g Speisestärke
- 100 g Zucker
- 125 ml Schlagsahne
- 125 g saure Sahne
- 2 Eier
- 100 g Korinthen
- 50 g gehackte Mandeln
- 30 g fein geschnittenes Zitronat
- Puderzucker zum Bestäuben

Schneller Quarkkuchen

1 Mehl und Backpulver vermischen, in eine Schüssel sieben, in die Mitte eine Vertiefung drücken. Den Zucker, den Rosenzucker und das Ei hineingeben. Mit etwas Mehl vom Rand zu einem breiartigen Brei verrühren. Die Butter in Stückchen schneiden, darauflegen und mit etwas Mehl bedecken. Alle Zutaten von der Mitte her zu einem glatten Teig verkneten. 30 Minuten kalt stellen.

2 Den Backofen auf 180 °C (Gas Stufe 2, Umluft 160 °C) vorheizen. Den Boden einer Springform einfetten. Den Teig auf bemehlter Fläche ausrollen und den Boden der Form damit auskleiden. Den Teigboden mit einer Gabel mehrmals einstechen.

3 Für den Belag den Quark durch ein Sieb in eine Schüssel streichen. Speisestärke, Zucker, Schlagsahne, saure Sahne, Eier, Korinthen, Mandeln und Zitronat unterrühren. Die Quarkmasse auf den Teig geben und glatt streichen.

4 Den Kuchen im vorgeheizten Backofen etwa 35 Minuten backen. Vor dem Servieren nach Belieben mit Puderzucker bestäuben.

Quarkkuchen
mit Pflaumenmus

Zutaten für 1 Backblech
ca. 45 x 35 cm, ergibt 20 Stücke

Teig
- 500 g Mehl
- 30 g frische Hefe
- 100 g Zucker
- 1/4 l Milch
- 80 g Butter
- 1 TL abgeriebene Schale von 1 unbehandelten Zitrone
- 1 Prise Salz
- 4 EL getrocknete Holunderblüten

Belag
- 500 g abgetropfter Quark
- 3 Eier
- 3 Eigelb
- 4 EL Öl
- 150 g Zucker
- 1 EL Mehl
- 50 g gehackte Mandeln
- 50 g fein geschnittenes Zitronat
- 750 g Pflaumenmus
- 2 EL Zwetschgenwasser
- 300 g Schmant
- 30 g zerlassene Butter
- 1 TL Mehl

1 Das Mehl in eine Schüssel sieben, in die Mitte eine Vertiefung drücken. Die Hefe zerbröckeln, mit 1 Teelöffel Zucker in etwas lauwarmer Milch verrühren, in die Vertiefung gießen. Mit etwas Mehl vom Rand zu einem breiartigen Vorteig verrühren. Zugedeckt an einem warmen Ort 20 Minuten gehen lassen.

2 Auf dem Mehlrand den restlichen Zucker, die Butter in Flöckchen, die Zitronenschale, das Salz und die Holunderblüten anordnen. Von der Mitte her die Zutaten zu einem glatten Teig verkneten, dabei die restliche Milch zufügen. Nochmals 30 Minuten gehen lassen.

3 Den Teig durchkneten und auf bemehlter Fläche ausrollen. Ein Backblech einfetten, den Teig auflegen, einen Rand hochziehen und den Teigboden mit einer Gabel mehrmals einstechen. Den Backofen auf 200 °C (Gas Stufe 3, Umluft 180 °C) vorheizen.

4 Den Quark durch ein Sieb streichen. 1 Ei, 2 Eigelb, das Öl, 100 Gramm Zucker, das Mehl, die Mandeln und das Zitronat unterrühren. Die Quarkmasse auf dem Teig verteilen. Das Pflaumenmus mit dem Zwetschgenwasser verrühren, auf die Quarkmasse streichen.

5 Schmant, Butter, Mehl, 2 Eier, 1 Eigelb mit dem restlichen Zucker verrühren und auf das Pflaumenmus geben. Im vorgeheizten Backofen etwa 35 Minuten backen.

Zutaten für 1 Springform
26 cm Ø, ergibt 12 Stücke

Teig
- 250 g Mehl
- 1 Päckchen Backpulver
- 1 Päckchen Vanillezucker
- 250 g abgetropfter Quark
- 250 g kalte Butter

Belag
- 250 g abgetropfter Quark
- 3 EL Schmant
- 1 Eigelb
- 100 g Zucker
- 1 Päckchen Vanillezucker
- $\frac{1}{2}$ TL abgeriebene Schale von 1 unbehandelten Zitrone
- 500 g entsteinte Sauerkirschen
- 150 g Kirschkonfitüre
- 1 Ei
- 50 g gehackte Walnüsse

Dieser Kuchen lässt sich gut variieren. Sie können anderes Obst (vor allem Beeren), eine andere Konfitüre und Haselnüsse oder Mandeln dafür verwenden.

Kirschkuchen
mit Walnüssen

1 Mehl und Backpulver vermischen und auf die Arbeitsfläche sieben. In die Mitte eine Vertiefung drücken. Vanillezucker und Quark hineingeben. Die Butter in Stücke schneiden und darauflegen. Etwas Mehl vom Rand darüberstäuben.

2 Alle Zutaten von der Mitte her zu einem glatten Teig verkneten. Den Teig einen halben Zentimeter dick ausrollen, mehrfach übereinanderschlagen und wieder ausrollen. Diesen Vorgang zweimal wiederholen.

3 Eine Springform mit Backpapier auslegen. Mit der Hälfte des Teigs auskleiden. Den Backofen auf 200 °C (Gas Stufe 3, Umluft 180 °C) vorheizen.

4 Den Quark durch ein Sieb streichen und mit Schmant, Eigelb, Zucker, Vanillezucker und Zitronenschale verrühren. Die Masse auf den Teig geben und glatt streichen. Die Sauerkirschen daraufgeben. Die Kirschkonfitüre darüberstreichen.

5 Den restlichen Teig in der Größe der Springform ausrollen und als Deckel darauflegen. Das Ei verquirlen, den Teig damit bestreichen. Die gehackten Walnüsse daraufstreuen. Im vorgeheizten Backofen etwa 35 Minuten backen.

Zutaten für 1 Backblech
ca. 45 x 35 cm, ergibt 20 Stücke

Teig
- 500 g Mehl
- 1 Päckchen Backpulver
- 2 Eier
- 300 g Zucker
- 3 EL Kakao
- 1 Prise Salz
- 300 g kalte Butter

Belag
- 250 g weiche Butter
- 200 g Zucker
- 4 Eier
- 1 Päckchen Vanillezucker
- 1 Prise Salz
- 800 g abgetropfter Quark
- 1 Päckchen Vanille-Puddingpulver
- Puderzucker zum Bestäuben

Dieser Kuchen ist ein schneller Klassiker, den man in Russland »nemjetzki kuchn« nennt – das heißt »deutscher Kuchen«.

Russischer Zupfkuchen

1 Mehl und Backpulver vermischen, in eine Schüssel sieben, in die Mitte eine Vertiefung drücken. Eier, Zucker, Kakao und Salz in die Vertiefung geben. Die Butter in Stücke schneiden und dazugeben. Mit etwas Mehl vom Rand bedecken. Von der Mitte her die Zutaten zu einem glatten Teig verkneten.

2 Den Backofen auf 200 °C (Gas Stufe 3, Umluft 180 °C) vorheizen. Ein Backblech einfetten. Zwei Drittel des Teigs auf einer bemehlten Fläche ausrollen und auf das Backblech legen, den Teigboden mit einer Gabel mehrmals einstechen.

3 Butter, Zucker, Eier, Vanillezucker und Salz schaumig rühren. Den Quark durch ein Sieb streichen, mit dem Puddingpulver unter die Buttermasse rühren.

4 Den Quarkbelag auf den Teig geben und glatt streichen. Vom restlichen Teig Flöckchen abzupfen und auf der Quarkmasse verteilen.

5 Den Kuchen im vorgeheizten Backofen etwa 35 Minuten backen. Herausnehmen, auskühlen lassen. Vor dem Servieren können Sie den Zupfkuchen nach Belieben mit Puderzucker bestäuben.

Zutaten für 1 Backblech
ca. 45 x 35 cm, ergibt 20 Stücke

Teig
- 500 g Mehl
- 35 g Hefe
- 100 g Zucker
- 1/4 l Milch
- 80 g weiche Butter
- 1 Päckchen Vanillezucker
- 1 Prise Salz
- 1 TL geriebene Zitronenschale
- 3 gemahlene bittere Mandeln
- 1 Ei

Belag
- 150 g Rosinen
- 4 EL Rum
- 1 kg abgetropfter Quark
- 80 g weiche Butter
- 200 g Zucker
- 4 Eier
- 1 Päckchen Vanille-Puddingpulver
- 100 g saure Sahne
- 1 Prise Salz
- 1 TL geriebene Zitronenschale
- 4 Eier
- 100 g weiche Butter
- 100 g Zucker
- 1 Päckchen Vanillezucker
- 200 ml Eierlikör
- 1 EL Speisestärke
- 1 Prise Salz
- 50 g Mandelblättchen

Eierlikörschecke

1 Das Mehl in eine Schüssel sieben, in die Mitte eine Vertiefung drücken. Die Hefe zerbröckeln, mit 1 Teelöffel Zucker in etwas lauwarmer Milch verrühren, in die Vertiefung gießen. Mit etwas Mehl vom Rand zu einem Vorteig verrühren. Zugedeckt 20 Minuten gehen lassen.

2 Auf dem Mehlrand den restlichen Zucker, Butter in Flöckchen, Vanillezucker, Salz, Zitronenschale, Mandeln und Ei anordnen. Von der Mitte her die Zutaten zu einem glatten Teig verkneten, dabei die restliche Milch zufügen. Nochmals 30 Minuten gehen lassen.

3 Die Rosinen mit Rum beträufeln. Den Quark durch ein Sieb streichen. Die Butter schaumig rühren. Butter, Zucker, Eier, Quark, Puddingpulver, saure Sahne, Salz, Zitronenschale und Rosinen verrühren. Die Masse cremig schlagen.

4 Den Backofen auf 180 °C (Gas Stufe 2, Umluft 160 °C) vorheizen. Ein Backblech einfetten. Den Teig auf bemehlter Fläche ausrollen, auf das Backblech legen, einen Rand hochziehen. Den Teigboden mit einer Gabel mehrmals einstechen. Den Quark daraufstreichen.

5 Die Eier trennen. Butter, Zucker und Vanillezucker schaumig rühren. Eigelb nach und nach unterrühren. Eierlikör und Speisestärke hinzufügen. Eiweiß mit Salz steif schlagen und unterheben. Eierlikörschaum auf den Quark streichen. Die Mandelblättchen daraufstreuen. Etwa 35 Minuten backen. Darauf achten, dass der Belag nicht zu dunkel wird. Notfalls mit Alufolie abdecken.

Zutaten für 1 Strudel
Ergibt 10 Stücke

Strudelteig
- 300 g Mehl
- 6 EL Öl
- 1 Prise Salz

Füllung
- 150 g getrocknete Aprikosen
- 2 EL Aprikosenkonfitüre
- 3 EL Aprikosengeist
- 400 g abgetropfter Quark
- 160 g Butter
- 80 g Zucker
- 1 Päckchen Vanillezucker
- 100 g Schmant
- 3 Eigelb
- 2 Eiweiß
- 60 g Speisestärke
- 2 EL Zwiebackbrösel

Der Strudel, der seinen Ursprung in der bäuerlichen Küche des Alpenraums hat, ist ein Verwandlungskünstler. Sein dünner Teig lässt sich mit den verschiedensten Füllungen von salzig bis süß tausendfach variieren.

Quarkstrudel

mit Aprikosen

1 Mehl in eine Schüssel sieben, in die Mitte eine Vertiefung drücken. 2 Esslöffel Öl, 150 Milliliter Wasser und 1 Prise Salz zugeben. Zu einem geschmeidigen Teig verkneten. Mit dem restlichen Öl beträufeln, mit Klarsichtfolie abdecken, an einem warmen Ort 1 Stunde ruhen lassen.

2 Die Aprikosen in kleine Würfel schneiden. Konfitüre mit Aprikosengeist etwas erwärmen, durch ein Sieb auf die Aprikosenwürfel streichen, verrühren und beiseitestellen. Quark durch ein Sieb streichen. 120 Gramm Butter mit 50 Gramm Zucker schaumig rühren. Vanillezucker, Schmant und Quark einrühren, die Eigelbe nach und nach zugeben.

3 Das Eiweiß mit dem restlichen Zucker steif schlagen. Mit der Speisestärke unter die Quarkmasse geben. Die restliche Butter zerlassen. Den Strudelteig trocken tupfen. Auf einem großen bemehlten Tuch den Teig so dünn wie möglich ausrollen. Dann über den Handballen den Teig hauchdünn ausziehen. Die etwas dickeren Teigränder abschneiden.

4 Die Quarkfüllung auf die untere Schmalseite streichen. Dabei darauf achten, dass ein 3 Zentimeter breiter Rand frei bleibt. Die Aprikosenstücke auf dem Quark anordnen, alles mit den Zwiebackbröseln bestreuen. Den Strudel mithilfe des Tuches von der Längsseite her aufrollen. Den Backofen auf 200 °C (Gas Stufe 3, Umluft 180 °C) vorheizen. Ein Backblech mit Backpapier belegen, den Strudel darauflegen. Mit der zerlassenen Butter einpinseln. Etwa 35 Minuten backen.

Herzhaftes mit Quark

Quark passt sich an, ist ein großer Verwandlungskünstler und fügt sich zartschmelzend auch in eine salzige und herzhafte Umgebung ein. Egal ob ein Klassiker wie Zwiebelkuchen oder eher ungewöhnliche Kreationen wie der Kümmel-Quark-Kuchen mit Rosenkohl: Sie zergehen alle auf der Zunge und stimmen auch kritische Esser zufrieden.

Zwiebelkuchen
mit Quark

1 Die Kartoffeln in der Schale kochen, pellen und sofort durch die Kartoffelpresse drücken. Das Mehl in eine Schüssel sieben, in die Mitte eine Vertiefung drücken. Hefe und Zucker in etwas lauwarmer Milch verrühren, in die Vertiefung gießen, etwas Mehl vom Rand zufügen und einen breiartigen Vorteig anrühren. Zugedeckt an einen warmen Ort stellen und 20 Minuten gehen lassen.

2 Auf dem Mehlrand die Eier, den Quark und das Salz verteilen. Die Zutaten von der Mitte her zu einem glatten Teig verkneten, dabei die restliche Milch zufügen. Nochmals zugedeckt 30 Minuten gehen lassen.

3 Für den Belag die Zwiebeln schälen und in dünne Scheiben schneiden. Den Speck ebenfalls in dünne Scheiben schneiden und in einer Pfanne auslassen. Die Speckscheiben herausnehmen und beiseitelegen. Im Speckfett die Zwiebeln glasig dünsten, danach auskühlen lassen.

4 Den Backofen auf 200 °C (Gas Stufe 3, Umluft 180 °C) vorheizen. Den Quark durch ein Sieb streichen und mit Schmant, Speisestärke, Eiern, Salz, Pfeffer, Rosmarin und Reibekäse vermischen. Ein Backblech einfetten. Den Teig auf bemehlter Fläche ausrollen, auf das Blech geben, einen Rand hochziehen, Teigboden mit einer Gabel mehrmals einstechen. Speck und Zwiebel auf dem Teig verteilen. Die Quarkmasse auf den Teigboden streichen. Alles nochmals 10 Minuten gehen lassen. Etwa 35 Minuten backen.

Zutaten für 1 Backblech
ca. 45 x 35 cm, ergibt 20 Stücke

Teig
- 300 g mehlige Kartoffeln
- 300 g Mehl
- 1 Würfel Hefe (42 g)
- 1 TL Zucker
- 1/4 l Milch
- 2 Eier
- 200 g abgetropfter Quark
- 1/2 TL Salz

Belag
- 1 kg Zwiebeln
- 200 g durchwachsener Speck
- 400 g abgetropfter Quark
- 200 g Schmant
- 2 EL Speisestärke
- 2 Eier
- 1/2 TL Salz
- Frisch gemahlener weißer Pfeffer
- 3 EL frische, gehackte Rosmarinnadeln
- 100 g Reibekäse

Wenn Sie keinen frischen Rosmarin haben, können Sie auch getrockneten verwenden.

Zutaten für 1 Backblech
ca. 45 x 35 cm, ergibt 20 Stücke

Teig
- 350 g Mehl
- 1 Päckchen Backpulver
- 350 g abgetropfter Quark
- 275 g kalte Butter
- 1 TL Salz
- Je 2 EL gehackte Petersilie und Schnittlauch
- 1 TL Kümmel

Belag
- 750 g Rosenkohl
- Salz
- 200 g Schinkenspeck
- 2 Zwiebeln
- 2 EL Öl
- 4 EL Semmelbrösel
- 3 Eier
- 200 g abgetropfter Quark
- 100 g Schmant
- 1 EL Speisestärke
- Frisch gemahlener weißer Pfeffer
- 1 Prise Muskat
- 200 g Reibekäse

Kümmelkuchen
mit Rosenkohl

1 Mehl und Backpulver vermischen, in eine Schüssel sieben, in die Mitte eine Vertiefung drücken. Den Quark durch ein Sieb streichen, die Butter in Stücke schneiden, mit dem Salz, den Kräutern und dem Kümmel in die Vertiefung geben. Etwas Mehl vom Rand aufstreuen. Von der Mitte her zu einem glatten Teig verkneten. Den Teig 0,5 Zentimeter dick ausrollen, mehrfach übereinanderschlagen und wieder ausrollen. Den Vorgang noch zweimal wiederholen. Dann den Teig über Nacht kalt stellen.

2 Den Rosenkohl putzen, waschen und in etwas Salzwasser weich dünsten. Abtropfen lassen und die Röschen halbieren. Den Schinkenspeck in kleine Würfel schneiden und kurz anbraten. Die Zwiebeln schälen und fein hacken, zum Schinkenspeck geben und glasig werden lassen.

3 Den Backofen auf 200 °C (Gas Stufe 3, Umluft 180 °C) vorheizen. Ein Backblech einfetten. Den Teig auf bemehlter Fläche ausrollen, auf das Backblech geben, einen Rand hochziehen, den Teigboden mit einer Gabel mehrmals einstechen und mit dem Öl bestreichen.

4 Semmelbrösel auf den Teigboden streuen, den Rosenkohl mit der Schnittfläche nach unten auf dem Teig anordnen. Die Speckmischung darübergeben. Eier, Quark, Schmant und die Speisestärke verrühren, mit Salz, Pfeffer und Muskat würzen, danach über den Rosenkohl geben. Den Reibekäse auf den Kuchen streuen. Im vorgeheizten Backofen etwa 35 Minuten backen.

Zutaten für 1 Backblech
ca. 45 x 35 cm, ergibt 20 Stücke

Teig
- 150 g abgetropfter Quark
- $^1/_8$ l Milch
- $^1/_8$ l Öl
- $^1/_2$ TL Salz
- 300 g Mehl
- 1 Päckchen Backpulver

Belag
- 250 g abgetropfter Quark
- 100 g Schmant
- 2 Eier
- 1 EL Speisestärke
- 2 Zwiebeln
- 4 Tomaten
- 1 gelbe und 1 grüne Paprikafrucht (à etwa 150 g)
- 1 Zucchini (etwa 150 g)
- 1 Aubergine (etwa 200 g)
- 1 EL Öl
- 2 zerdrückte Knoblauchzehen
- Salz
- Frisch gemahlener weißer Pfeffer
- 150 g Reibekäse
- 3 EL Schnittlauchröllchen

Mediterraner Gemüsekuchen

1 Den Quark durch ein Sieb in eine Schüssel streichen. Milch, Öl und Salz unterrühren. Mehl und Backpulver vermischen, auf die Quarkmasse sieben und unterrühren.

2 Ein Backblech einfetten. Den Teig auf bemehlter Fläche ausrollen, auf das Backblech legen und einen Rand hochziehen, Teigboden mit einer Gabel mehrmals einstechen.

3 Für den Belag den Quark durch ein Sieb streichen und mit dem Schmant, den Eiern und der Speisestärke verrühren. Die Masse auf den Teig streichen.

4 Die Zwiebeln schälen und fein hacken. Die Tomaten mit kochendem Wasser überbrühen, unter kaltem Wasser abschrecken, die Haut abziehen. Die Tomaten in kleine Würfel schneiden, dabei den Stielansatz entfernen.

5 Paprika, Zucchini und Aubergine waschen, putzen und in feine Streifen schneiden. Das Öl erhitzen, das Gemüse und den Knoblauch zufügen, 5 Minuten dünsten. Mit Salz und Pfeffer würzen. Auskühlen lassen.

6 Den Backofen auf 200 °C (Gas Stufe 3, Umluft 180 °C) vorheizen. Das Gemüse auf der Quarkmasse verteilen. Den Reibekäse darüberstreuen. Den Gemüsekuchen im vorgeheizten Backofen etwa 35 Minuten backen. Herausnehmen und mit Schnittlauchröllchen bestreuen.

Zutaten für 1 Backblech
ca. 45 x 35 cm, ergibt 20 Stücke

Teig
- 200 g abgetropfter Quark
- 6 EL Milch
- 1 Ei
- 1/8 l Öl
- 1/2 TL Salz
- 400 g Mehl
- 2 TL Backpulver

Belag
- 100 g durchwachsener Speck
- 1 kg Mischpilze
- 2 Zwiebeln
- 500 g Tomaten
- 8 Eier
- 1 EL Öl
- 2 EL gehackte Petersilie
- Salz
- Frisch gemahlener weißer Pfeffer
- 1 EL Zitronensaft
- 200 g Reibekäse

Quarkkuchen
mit Speck und Pilzen

1 Den Quark durch ein Sieb in eine Schüssel streichen. Milch, Ei, Öl und Salz zugeben und unterrühren. Das Mehl mit dem Backpulver vermischen, auf die Quarkmasse sieben. Alles gut verkneten.

2 Für den Belag den Speck in kleine Würfel schneiden. Die Pilze putzen und in feine Scheiben schneiden. Die Zwiebeln schälen und fein hacken. Die Tomaten überbrühen, die Haut abziehen, die Tomaten in Würfel schneiden, dabei den Stielansatz entfernen.

3 Die Eier schaumig rühren. Öl, Speck, Pilze, Zwiebeln, Tomaten und die Petersilie zugeben und unterrühren. Mit Salz, Pfeffer und Zitronensaft würzen.

4 Den Backofen auf 180 °C (Gas Stufe 2, Umluft 160 °C) vorheizen. Ein Backblech einfetten. Den Teig auf bemehlter Fläche ausrollen, auf das Backblech legen, einen Rand hochziehen. Den Teigboden mit einer Gabel mehrmals einstechen.

5 Die Pilzmischung auf dem Teig verteilen. Den Reibekäse daraufstreuen. Den Kuchen im vorgeheizten Backofen etwa 35 Minuten backen.

Quarkkuchen

mit Tomaten und Sardellen

Zutaten für 1 Backblech
ca. 45 x 35 cm, ergibt 20 Stücke

Teig
- 300 g Mehl
- 1 TL Backpulver
- 125 g kalte Butter
- 1 Ei
- 1 Prise Salz

Belag
- 300 g abgetropfter Quark
- 4 EL Milch
- 2 Eier
- 1 EL Speisestärke
- Salz
- 1 kg Tomaten
- Frisch gemahlener weißer Pfeffer
- 3 TL getrockneter Oregano
- 200 g Sardellenfilets
- 200 g Reibekäse

Sardellen werden etwas milder im Geschmack, wenn man sie vor dem Verwenden eine Stunde lang in Milch einlegt.

1 Mehl und Backpulver vermischen, in eine Schüssel sieben, in die Mitte eine Vertiefung drücken. Die Butter in Stücke schneiden, mit dem Ei und dem Salz in die Vertiefung geben. Etwas Mehl vom Rand darüberstäuben. Von der Mitte her die Zutaten zu einem glatten Teig verkneten. 30 Minuten kalt stellen.

2 Für den Belag den Quark durch ein Sieb in eine Schüssel streichen, Milch, Eier und Speisestärke zufügen und unterrühren. Salzen.

3 Ein Backblech einfetten. Den Teig auf bemehlter Fläche ausrollen, auf das Backblech legen, einen Rand hochziehen, den Teigboden mit einer Gabel mehrmals einstechen. Die Quarkmasse aufstreichen.

4 Den Backofen auf 200 °C (Gas Stufe 3, Umluft 180 °C) vorheizen. Die Tomaten mit heißem Wasser überbrühen, kalt abschrecken, die Haut abziehen. Die Tomaten in Scheiben schneiden, auf der Quarkmasse verteilen. Mit Pfeffer und Oregano würzen.

5 Die Sardellenfilets dekorativ auf den Tomatenscheiben anordnen. Den Reibekäse darüberstreuen. Im vorgeheizten Backofen etwa 30 Minuten backen.

Zutaten für 1 Backblech
ca. 45 x 35 cm, ergibt 20 Stücke

Teig
- 150 g abgetropfter Quark
- 6 EL Milch
- 6 EL Öl
- $\frac{1}{2}$ TL Salz
- 300 g Mehl
- 2 TL Backpulver

Belag
- 1,5 kg grüner Spargel
- 1 Prise Salz
- 1 Prise Zucker
- 1 TL Butter
- $\frac{1}{8}$ l Spargelbrühe
- $\frac{1}{8}$ l Schlagsahne
- 8 Eier,
- Salz
- Je 3 EL Kerbel und Petersilie

Im Gegensatz zum weißen Spargel schmeckt grüner Spargel etwas herzhafter und muss fast nicht geschält werden.

Grüner Spargelkuchen

1 Den Quark durch ein Sieb in eine Schüssel streichen und mit Milch, Öl und Salz verrühren. Mehl und Backpulver vermischen, sieben, zur Quarkmasse geben, alles zu einem glatten Teig verkneten.

2 Ein Backblech einfetten. Den Teig auf bemehlter Fläche ausrollen, auf das Backblech geben, einen Rand hochziehen und den Teigboden mit einer Gabel mehrmals einstechen.

3 Für den Belag den Spargel putzen und in reichlich kochendem Salzwasser mit etwas Zucker und einem Stück Butter knapp garen (etwa 10 Minuten). Herausnehmen und etwas abkühlen lassen.

4 Den Spargel mit den Köpfen in kleine Stücke schneiden. Die Spargelstücke auf dem Teig anordnen. Spargelbrühe und Sahne in einen Topf geben, verrühren und einige Minuten einkochen. Vom Herd nehmen.

5 Den Backofen auf 200 °C (Gas Stufe 3, Umluft 180 °C) vorheizen. Eier, Salz und Kräuter verrühren und in die Spargelbrühe einrühren. Die Mischung über dem Spargel verteilen. Den Spargelkuchen im vorgeheizten Backofen etwa 30 Minuten backen.

Zutaten für 1 Rolle
Ergibt 10 Stücke

Teig
- 400 g mehlige Kartoffeln
- 500 g Mehl
- 1 Würfel Hefe (42 g)
- $^1/_2$ TL Zucker
- $^1/_4$ l Milch
- 2 Eier
- 300 g abgetropfter Quark
- $^1/_2$ TL Salz

Füllung
- 400 g durchwachsener Speck
- 2 Zwiebeln
- 30 g Butterschmalz
- 150 g abgetropfter Quark
- 1 Ei
- 2 TL Speisestärke
- 150 g Reibekäse
- 2 EL gehackte Petersilie
- 2 Eigelb
- 2 EL Milch
- Kürbiskerne zum Verzieren

Zusammen mit einem leichten Blattsalat wird die Speckrolle zu einer leckeren Mahlzeit.

Speckrolle

1 Die Kartoffeln in der Schale kochen, pellen und noch warm durch die Kartoffelpresse drücken. Das Mehl in eine Schüssel sieben, in die Mitte eine Vertiefung drücken. Die Hefe zerbröckeln und mit dem Zucker in etwas lauwarmer Milch verrühren, in die Vertiefung gießen. Mit etwas Mehl vom Rand einen breiartigen Vorteig anrühren. Zugedeckt 20 Minuten gehen lassen.

2 Auf dem Mehlrand die Eier, den Quark, das Salz und die durchgepressten Kartoffeln verteilen. Alle Zutaten von der Mitte her zu einem glatten Teig verkneten, dabei die restliche Milch zufügen. Nochmals zugedeckt 30 Minuten gehen lassen.

3 Für die Füllung den Speck in kleine Würfel schneiden. Die Zwiebeln schälen und fein hacken. Das Butterschmalz erhitzen, den Speck und die Zwiebeln 5 Minuten darin anrösten, danach auskühlen lassen.

4 Den Backofen auf 200 °C (Gas Stufe 3, Umluft 180 °C) vorheizen. Den Quark mit dem Ei, der Speisestärke, dem Reibekäse und der Petersilie verrühren. Die Speckmischung unterrühren. Ein Backblech einfetten. Den Teig auf bemehlter Fläche ausrollen, die Quarkmasse aufstreichen, den Teig aufrollen und auf das Backblech legen. Eigelb und Milch verrühren, die Rolle damit bestreichen. Mit Kürbiskernen verzieren. In den Ofen schieben und etwa 40 Minuten backen.

Zutaten für 1 Backblech
ca. 45 x 35 cm, ergibt 20 Stücke

Teig
- 200 g abgetropfter Quark
- 1/8 l Milch
- 1/8 l Öl
- 1/2 TL Salz
- 400 g Mehl
- 1 Päckchen Backpulver

Belag
- 200 g abgetropfter Quark
- 1 Eigelb
- 250 g Reibekäse
- 6 Scheiben Ananas (aus der Dose)
- 250 g weißer Spargel (aus dem Glas)
- 750 g gegartes Kasselerfleisch
- 3 Eier
- 1/8 l Milch
- 1/8 l Sahne
- Etwas Salz, Pfeffer und geriebene Muskatnuss
- 3 EL gehackte Petersilie und Estragon

Spargelkuchen
mit Ananas und Kasseler

1 Den Quark durch ein Sieb in eine Schüssel streichen. Milch, Öl und Salz zufügen und unterrühren. Mehl und Backpulver vermischen, sieben, zur Quarkmasse geben und alles zu einem glatten Teig verkneten.

2 Ein Backblech einfetten. Den Teig auf bemehlter Fläche ausrollen, auf das Backblech geben, einen Rand hochziehen. Den Teigboden mit einer Gabel mehrmals einstechen. Den Backofen auf 200 °C (Gas Stufe 3, Umluft 180 °C) vorheizen.

3 Für den Belag den Quark mit dem Eigelb und 150 Gramm Reibekäse verrühren, auf den Teig streichen. Ananas und Spargel gut abtropfen lassen und in Stücke schneiden. Das Fleisch in kleine Würfel schneiden und mit Ananas und Spargel auf der Quarkmasse verteilen.

4 Eier, Milch und Sahne verrühren. Mit Salz, Pfeffer und Muskat würzen, Petersilie und Estragon zufügen und über den Belag gießen. Den restlichen Reibekäse darüberstreuen. Im vorgeheizten Backofen etwa 35 Minuten backen.

Zucchinikuchen

Zutaten für 1 Backblech
ca. 45 x 35 cm, ergibt 20 Stücke

Teig
- 400 g Mehl
- 25 g frische Hefe
- 200 ml Milch
- 1 Ei
- 100 g weiche Butter
- 1 Prise Salz
- 1 EL frische Rosmarinnadeln

Belag
- 300 g abgetropfter Quark
- 2 Eigelb
- 2 TL Speisestärke
- 150 g getrocknete Tomaten in Öl
- Salz
- Frisch gemahlener weißer Pfeffer
- 300 g Zucchini
- 4 rote Zwiebeln
- 6 Frühlingszwiebeln
- 50 g Butterschmalz
- 200 g durchwachsener Speck
- 100 g Reibekäse

Sie können für dieses Rezept auch die gängigen mattgelben Haushaltszwiebeln verwenden.

1 Das Mehl in eine Schüssel sieben, in die Mitte eine Vertiefung drücken. Die Hefe in lauwarmer Milch verrühren, in die Vertiefung gießen. Mit etwas Mehl einen Vorteig anrühren. Zugedeckt 20 Minuten gehen lassen. Auf dem Mehlrand das Ei, die Butter in Flöckchen und das Salz anordnen. Die Rosmarinnadeln fein hacken und verteilen. Alles zu einem glatten Teig verkneten. Nochmals 30 Minuten gehen lassen.

2 Den Quark durch ein Sieb streichen. Das Eigelb und die Speisestärke unterrühren. Die Tomaten klein schneiden und ebenfalls unterrühren. Mit Salz und Pfeffer würzen. Die Zucchini in Scheiben schneiden. Die Zwiebeln und Frühlingszwiebeln putzen, die Zwiebeln in Scheiben, die Frühlingszwiebeln in Stücke schneiden.

3 Butterschmalz erhitzen, Zucchini und rote Zwiebeln hineingeben, kurz anbraten, dann die Frühlingszwiebeln zugeben und 1 Minute mitbraten. Salzen und pfeffern, vom Herd nehmen. In der Zwischenzeit den Speck in kleine Würfel schneiden und kross ausbraten.

4 Den Backofen auf 200 °C (Gas Stufe 3, Umluft 180 °C) vorheizen. Ein Backblech einfetten. Den Teig ausrollen, auf das Backblech geben, einen Rand hochziehen, den Teigboden mit einer Gabel mehrmals einstechen. Die Quarkmischung auf den Teig streichen. Zucchinimischung und Speckwürfel auf dem Quark verteilen. Reibekäse darüberstreuen. Etwa 35 Minuten backen.

Zutaten für 1 Backblech
ca. 45 x 35 cm, ergibt 20 Stücke

Teig
- 500 g Mehl
- 1 Würfel Hefe (42 g)
- 1 TL Zucker
- $^1/_4$ l Milch
- 1 TL Salz
- 2 Eier
- 80 g weiche Butter
- 4 EL gehackte Kräuter (Schnittlauch, Petersilie)
- 50 g kross gebratene Speckwürfel

Belag
- 1 kg Frühlingszwiebeln
- 300 g gekochter Schinken
- 100 g durchwachsener Speck
- 50 g Butterschmalz
- Salz
- Pfeffer
- 4 Eier
- 250 g abgetropfter Quark
- 150 g Schmant
- 2 TL Speisestärke
- 1 TL Kümmel
- 1 Bund Schnittlauch

Magdeburger Bollenkuchen

1 Das Mehl in eine Schüssel sieben, in die Mitte eine Vertiefung drücken. Die Hefe zerbröckeln, mit dem Zucker in etwas lauwarmer Milch verrühren, in die Vertiefung gießen, mit etwas Mehl vom Rand einen breiartigen Vorteig anrühren. Zugedeckt an einem warmen Ort 20 Minuten gehen lassen.

2 Auf dem Mehlrand das Salz, die Eier, die Butter in Flöckchen, die Kräuter und die Speckwürfel verteilen. Von der Mitte her die Zutaten zu einem glatten Teig verkneten, dabei die restliche Milch zufügen. Nochmals zugedeckt 30 Minuten gehen lassen.

3 Für den Belag die Frühlingszwiebeln putzen, waschen, in 1 Zentimeter lange Stücke schneiden. Den Schinken und den Speck in kleine Würfel schneiden. Das Butterschmalz erhitzen, die Schinken- und Speckwürfel und die Zwiebelstücke 3 Minuten dünsten. Mit Salz und Pfeffer würzen. Auskühlen lassen.

4 Den Backofen auf 200 °C (Gas Stufe 3, Umluft 180 °C) vorheizen. Eier, Quark, Schmant, Speisestärke und Kümmel verrühren, das Zwiebelgemisch unterrühren. Ein Backblech einfetten. Den Teig auf bemehlter Fläche ausrollen, auf das Backblech geben, einen Rand hochziehen, den Teigboden mit einer Gabel mehrmals einstechen. Das Zwiebel-Quark-Gemisch daraufstreichen. Etwa 35 Minuten backen. Den Schnittlauch waschen, klein schneiden und auf den Kuchen streuen.

Fruchtige Quarktorten

Diese sahnig-cremigen Kreationen erfreuen unser Auge stets aufs Neue. Lassen Sie Fantasie und gute Zutaten in die Küche, dann ist aller Anfang leicht und es entstehen kleine Meisterwerke, die für den Gaumen zum Erlebnis werden und zu weiteren kulinarischen Höhenflügen anspornen.

Erdbeer-Sahne-Torte

Zutaten für 1 Springform
26 cm Ø, ergibt 12 Stücke

Teig
- 250 g weiche Butter
- 200 g Zucker
- 1 Päckchen Vanillezucker
- 1 Prise Salz
- 4 Eier
- 250 g Mehl

Füllung
- 300 g abgetropfter Quark
- 250 g Joghurt
- 125 g Zucker
- 2 Päckchen Vanillezucker
- 2 EL Zitronensaft
- 5 Blatt weiße Gelatine
- 300 ml Schlagsahne
- 500 g Erdbeeren
- Minzeblättchen

1 Den Backofen auf 200 °C (Gas Stufe 3, Umluft 180 °C) vorheizen. Die Butter mit dem Zucker schaumig rühren. Vanillezucker, Salz und nach und nach die Eier einrühren. Das Mehl sieben und unterrühren.

2 Eine Backform einfetten, den Teig hineingeben und glatt streichen. Im vorgeheizten Backofen etwa 35 Minuten backen. Auskühlen lassen und den Boden waagerecht durchschneiden.

3 Für die Füllung den Quark durch ein Sieb streichen. Mit dem Joghurt, Zucker, Vanillezucker und Zitronensaft verrühren. Die Gelatine in 3 Esslöffel kaltem Wasser einweichen, erwärmen, auflösen und unter die Quarkmasse rühren. Die Sahne steif schlagen und unterheben. Die Hälfte der Quarksahne in den Kühlschrank stellen.

4 Die Erdbeeren waschen und putzen. Ein paar Erdbeeren für die Dekoration beiseitelegen. Die restlichen Erdbeeren klein schneiden und unter die restliche Quarkmasse heben. Eine Stunde kalt stellen.

5 Die Quarksahne mit den Erdbeeren auf den unteren Tortenboden streichen. Den zweiten Boden auflegen und mit der hellen Quarksahne bestreichen. Zum Schluss mit Erdbeeren und Minzeblättchen verzieren.

Wenn Sie mögen, können Sie in die Tortenmitte gehackte Pistazien oder geraspelte Schokolade streuen.

Orangentorte

Zutaten für 1 Springform
26 cm Ø, ergibt 16 Stücke

Teig
- 180 g fein geraspelte, frische Kokosnuss
- 180 g weiche Butter
- 350 g Zucker
- 3 Eier
- 300 ml saure Sahne
- 125 ml frische Kokosmilch
- 250 g Mehl
- 2 TL Backpulver

Füllung
- 6 Blatt weiße Gelatine
- 3 Eier
- 250 g abgetropfter Quark
- 1 TL abgeriebene Orangenschale
- 100 ml frisch gepresster Orangensaft
- 100 g Zucker
- 3 EL Orangenlikör
- 250 ml Schlagsahne
- 8 Orangen
- 1 Päckchen weißer Tortenguss
- 250 ml Orangensaft
- 250 ml Schlagsahne
- 1 Päckchen Vanillezucker

1 Backofen auf 200 °C (Gas Stufe 3, Umluft 180 °C) vorheizen. 80 Gramm Kokosraspel beiseitelegen. Die restlichen Kokosraspel auf einem Backblech goldgelb rösten, dabei hin und wieder wenden. Auskühlen lassen.

2 Butter und Zucker schaumig schlagen. Eier unterrühren. Sahne und Kokosmilch zugeben. Mehl und Backpulver vermischen, sieben, nach und nach einrühren. Kokosraspel untermischen. Eine Springform einfetten, Teig hineingeben und glatt streichen. Etwa 35 Minuten backen. Auskühlen lassen, waagerecht durchschneiden.

3 Gelatine in kaltem Wasser einweichen. Eier trennen. Quark durch ein Sieb streichen. Orangenschale, Saft, Eigelb und Zucker unterrühren. Likör erwärmen, die Gelatine auflösen, dann unter die Quarkmasse rühren. Die Sahne steif schlagen und unterheben. Das Eiweiß steif schlagen und ebenfalls unterheben.

4 Den unteren Tortenboden mit der Quarksahne bestreichen, den anderen Boden auflegen. Die Orangen schälen, Filets heraustrennen. 16 Filets beiseitelegen. Die restlichen auf der Torte anordnen. Den Tortenguss zubereiten (den Orangensaft verwenden) und über die Filets ziehen. Torte kalt stellen. Die Schlagsahne mit dem Vanillezucker steif schlagen. Mit der Hälfte der Sahne den Rand der Torte bestreichen. Kokosraspel andrücken. 16 Sahnehäufchen auf die Torte spritzen. Die beiseitegelegten Orangenfilets daraufsetzen.

Rhabarbertorte

Zutaten für 1 Springform
26 cm Ø, ergibt 12 Stücke

Teig
- 3 Eier
- 150 g Zucker
- 1 Päckchen Vanillezucker
- 100 g Mehl
- 100 g Speisestärke
- 2 TL Backpulver

Füllung
- 1 kg Rhabarber
- 5 Blatt rote Gelatine
- 8 Blatt weiße Gelatine
- 150 g Johannisbeergelee
- 2 EL Zucker
- 500 g abgetropfter Quark
- 1 TL abgeriebene Schale von 1 unbehandelten Zitrone
- 100 g Zucker
- 200 g Schmant
- 3 EL Zitronensaft
- 500 ml Schlagsahne
- 1 Prise Salz
- 2 EL gehackte Pistazien
- Schokofrüchte, Schokoladenblätter und kandierte Früchte nach Belieben für die Dekoration

1 Den Backofen auf 180 °C (Gas Stufe 2, Umluft 160 °C) vorheizen. Die Eier trennen. Eigelb und 4 Esslöffel warmes Wasser schaumig schlagen. Zucker und Vanillezucker unterrühren, alles cremig rühren. Das Eiweiß steif schlagen, auf die Eigelbmasse geben.

2 Mehl, Speisestärke und Backpulver vermischen, auf den Eischnee sieben, alles unter die Eigelbmasse ziehen. Eine Springform mit Backpapier belegen, den Teig daraufgeben und glatt streichen. Etwa 20 Minuten backen, auskühlen lassen. Waagerecht durchschneiden.

3 Den Rhabarber waschen, putzen, die Fäden abziehen, in fingerbreite Stücke schneiden. Die rote und die weiße Gelatine getrennt in kaltem Wasser einweichen. Das Gelee mit dem Zucker erhitzen, die Rhabarberstücke zufügen, 5 Minuten köcheln lassen. Etwas auskühlen lassen, die ausgedrückte rote Gelatine darin auflösen.

4 Den Quark durch ein Sieb streichen. Zitronenschale, Zucker und Schmant unterrühren. Zitronensaft erwärmen, die ausgedrückte weiße Gelatine darin auflösen, unter die Quarkmasse rühren. Schlagsahne mit dem Salz steif schlagen und unterheben.

5 Von der Rhabarbermasse ein Viertel beiseitestellen. Rest auf den unteren Tortenboden streichen, den anderen Boden auflegen und mit der Quarkmasse bestreichen. Über Nacht kalt stellen. Restliche Rhabarbermasse leicht erwärmen, auskühlen lassen und in der Tortenmitte verteilen. Den Rand mit Pistazien und Früchten verzieren.

Zutaten für 1 Springform
26 cm Ø, ergibt 12 Stücke

Teig
- 125 g Butter
- 100 g Zucker
- 6 Eier
- 50 g gemahlene Mandeln
- 1 TL abgeriebene Schale von 1 unbehandelten Zitrone
- 150 g Mehl
- 30 g Speisestärke
- 1 TL Backpulver

Belag
- 6 Blatt weiße Gelatine
- 100 g Butter
- 125 g Zucker
- 4 Eigelb
- 1 TL abgeriebene Schale von 1 unbehandelten Zitrone
- 4 EL Zitronensaft
- 400 g abgetropfter Quark
- 400 g Doppelrahm-Frischkäse
- 2 EL Himbeergeist
- 250 ml Schlagsahne
- 750 g Himbeeren
- Schokoladenblätter

Quarktorte
mit Himbeeren

1 Den Backofen auf 200 °C (Gas Stufe 3, Umluft 180 °C) vorheizen. Die Butter schaumig rühren. Zucker, Eier, Mandeln und Zitronenschale untermengen. Mehl, Speisestärke und Backpulver vermischen, sieben, nach und nach einrühren.

2 Eine Springform einfetten, den Teig einfüllen und glatt streichen. Den Tortenboden im vorgeheizten Backofen etwa 20 Minuten backen. Herausnehmen und auskühlen lassen.

3 Für den Belag die Gelatine in kaltem Wasser einweichen. Butter, Zucker und Eigelb schaumig rühren. Zitronenschale und Zitronensaft einrühren. Den Quark durch ein Sieb streichen und mit dem Frischkäse unterrühren. Die Gelatine ausdrücken, in erwärmtem Himbeergeist auflösen, zur Quarkmasse geben und unterziehen.

4 Die Schlagsahne steif schlagen und unterheben. Einige Himbeeren für die Dekoration beiseitelegen. Die restlichen Himbeeren auf dem Tortenboden anordnen und mit der Quarksahne bedecken. Die beiseitegelegten Himbeeren auflegen. Zuletzt die Torte mit Schokoladenblättern garnieren. Die Torte vor dem Servieren kalt stellen.

Zutaten für 1 Backblech
ca. 45 x 35 cm, ergibt 20 Stücke

Teig
- 6 Eier
- 1 Prise Salz
- 250 g Zucker
- 250 g Mehl
- 2 TL Backpulver
- 80 g gemahlene Mandeln

Belag
- 7 Blatt weiße Gelatine
- 3 Eier
- 100 ml Milch
- 3 EL Honig
- 200 ml Apfelsaft
- 300 g abgetropfter Quark
- 4 EL Zitronensaft
- 80 g Zucker
- 1 Prise Salz
- 400 ml Schlagsahne
- 150 g Aprikosenkonfitüre
- 2 kg Aprikosen

Guss
- 3 Blatt rote Gelatine
- 4 EL Honig
- 4 EL Zitronenlikör
- 350 ml Apfelsaft

Quarktorte
mit rotem Gelee

1 Die Eier trennen. Das Eiweiß mit dem Salz steif schlagen, dabei den Zucker einrieseln lassen. Eigelb einrühren. Mehl und Backpulver vermischen, sieben und mit den Mandeln unter die Eimasse heben. Ein Backblech mit Backpapier belegen, den Teig daraufgeben, glatt streichen. Im vorgeheizten Backofen bei 180 °C (Gas Stufe 2, Umluft 160 °C) etwa 20 Minuten backen.

2 Die Gelatine in kaltem Wasser einweichen. Die Eier trennen. Das Eigelb verrühren, die Milch einrühren. Alles über heißem Wasserbad cremig rühren. Gelatine ausdrücken, in der Creme auflösen. Honig, Apfelsaft, Quark, Zitronensaft und Zucker einrühren. Kalt stellen.

3 Sobald die Masse etwas fester wird, das Eiweiß mit dem Salz steif schlagen. Die Sahne ebenfalls steif schlagen. Zuerst die Sahne, danach den Eischnee unter die Creme heben.

4 Den Boden vom Blech nehmen, das Backpapier entfernen. Den Boden mit der Konfitüre bestreichen. Die Aprikosen waschen, halbieren, entsteinen. Auf der Konfitüre anordnen. Die Creme aufstreichen. Kalt stellen.

5 Für die Geleedecke die Gelatine in kaltem Wasser einweichen. Den Honig erwärmen. Gelatine ausdrücken, im Honig auflösen. Zitronenlikör und Apfelsaft einrühren. Den Kuchen damit überziehen.

Zutaten für 1 Springform
26 cm Ø, ergibt 12 Stücke

Teig
- 250 g weiche Butter
- 250 g Zucker
- 1 Päckchen Vanillezucker
- 4 Eier
- 250 g Mehl
- 2 TL Backpulver
- 100 g geraspelte Schokolade

Füllung
- 4 Blatt weiße Gelatine
- 300 g weiche Butter
- 200 g Zucker
- 2 Eier
- 600 g abgetropfter Quark
- 1 TL abgeriebene Zitronenschale
- 250 ml Schlagsahne
- 300 g Sauerkirschkonfitüre
- 1–2 EL Ingwerlikör, ersatzweise Kirschlikör
- 400 g abgetropfte Sauerkirschen (Konserve)
- 300 ml Schlagsahne
- 1 TL Zucker
- 100 g Zartbitterschokolade für Schokoröllchen
- 12 kandierte Kirschen

Kirschtorte

1 Den Backofen auf 200 °C (Gas Stufe 3, Umluft 180 °C) vorheizen. Butter und Zucker schaumig schlagen. Vanillezucker und nach und nach die Eier unterrühren. Mehl und Backpulver vermischen, sieben, unter die Buttermischung rühren. Die Schokolade unterheben.

2 Eine Springform einfetten, den Teig einfüllen und glatt streichen. Im vorgeheizten Backofen etwa 35 Minuten backen. Herausnehmen, auskühlen lassen, waagerecht durchschneiden.

3 Für die Füllung die Gelatine in kaltem Wasser einweichen. Butter, Zucker und Eier cremig rühren. Den Quark durch ein Sieb streichen und allmählich unterrühren. Zitronenschale zufügen. Die Gelatine tropfnass in einen kleinen Topf geben und erwärmen, damit sie sich auflöst, zur Quarkmasse geben. Die Schlagsahne steif schlagen und unterheben.

4 Kirschkonfitüre und Ingwerlikör verrühren, die Hälfte auf den unteren Boden streichen. Die Kirschen darauflegen, die Quarksahne darübergeben. Den zweiten Boden auflegen. Mit der restlichen Konfitüre bestreichen.

5 Die Schlagsahne mit dem Vanillezucker steif schlagen, den Rand der Torte damit bestreichen, die restliche Sahne in einen Spritzbeutel mit Sterntülle geben und 12 Rosetten auf die Torte spritzen. Die kandierten Kirschen daraufsetzen und mit Schokoröllchen verzieren.

Zutaten für 1 Springform
26 cm Ø, ergibt 12 Stücke

Teig
- 6 Eier
- 200 g Zucker
- 150 g Mehl
- 75 g Speisestärke
- 2 TL Backpulver
- 75 g gemahlene Haselnüsse
- 1/2 TL abgeriebene Schale von 1 unbehandelten Zitrone

Füllung
- 4 EL Johannisbeergelee
- 500 g Erdbeeren
- 2 EL Ingwerlikör, ersatzweise Orangenlikör
- 2 EL Zucker
- 6 Blatt weiße Gelatine
- 300 g abgetropfter Quark
- 200 g Doppelrahm-Frischkäse
- 300 ml Schlagsahne
- 3 EL Haselnusskrokant
- Einige Minzeblättchen

Quarktorte

mit Erdbeeren

1 Den Backofen auf 180 °C (Gas Stufe 2, Umluft 160 °C) vorheizen. Die Eier trennen. Das Eigelb mit dem Zucker schaumig rühren. Das Eiweiß steif schlagen, auf die Eigelbmasse geben. Mehl, Speisestärke und Backpulver vermischen und auf den Eischnee sieben. Die Haselnüsse und die Zitronenschale daraufstreuen. Alles unterheben.

2 Eine Springform mit Backpapier auslegen, den Teig einfüllen und glatt streichen. Etwa 25 Minuten backen. Herausnehmen, einige Minuten in der Form lassen, dann das Backpapier entfernen, zum Auskühlen auf ein Kuchengitter setzen. Zweimal waagerecht durchschneiden.

3 Zwei der Böden mit Johannisbeergelee bestreichen. Die Erdbeeren waschen und putzen. Einige Erdbeeren für die Dekoration beiseitelegen. Die restlichen Erdbeeren pürieren und mit dem Ingwerlikör und dem Zucker verrühren. Die Gelatine in etwas kaltem Wasser einweichen.

4 Den Quark durch ein Sieb streichen. Mit dem Frischkäse und dem Erdbeerpüree verrühren. Die Gelatine tropfnass in einen kleinen Topf geben, erwärmen, damit sie sich auflöst. Unter die Quarkmasse rühren. Sobald die Masse zu gelieren beginnt, die Sahne steif schlagen und unterheben.

5 Ein Drittel der Quarkmasse auf den unteren Boden streichen, den zweiten darauflegen und mit einem zweiten Drittel der Quarkmasse bestreichen. Den dritten Boden darauflegen. Mit der restlichen Quarkmasse die Torte ringsum bestreichen. Mit Erdbeeren, Haselnusskrokant und Minzeblättchen dekorieren.

Zutaten für 1 Springform
26 cm Ø, ergibt 12 Stücke

Teig
- 2 Eier
- 125 g Zucker
- 1 Päckchen Vanillezucker
- 1 Prise Salz
- 100 g Mehl
- 3 EL Speisestärke
- $\frac{1}{2}$ TL Backpulver

Füllung
- 3 Blatt weiße Gelatine
- 2 EL Orangenlikör
- 100 g Zucker
- 2 EL Zitronensaft
- 250 g abgetropfter Quark
- 6 EL Joghurt
- 250 ml Schlagsahne
- 750 g Erdbeeren
- 250 g Aprikosenmarmelade

Fruchtige Sommertorte

1 Den Backofen auf 180 °C (Gas Stufe 2, Umluft 160 °C) vorheizen. Die Eier trennen. Das Eigelb in einer Schüssel mit 2 Esslöffel warmem Wasser schaumig rühren. Nach und nach Zucker und Vanillezucker einrühren. Weiterrühren, bis die Masse cremig ist.

2 Das Eiweiß mit dem Salz steif schlagen und unter die Creme heben. Mehl, Speisestärke und Backpulver vermischen, auf die Eimasse sieben und vorsichtig unterheben. Eine Tortenform einfetten, den Teig einfüllen und glatt streichen. Im vorgeheizten Backofen etwa 20 Minuten backen.

3 Für die Füllung die Gelatine in kaltem Wasser einweichen, ausdrücken und in erwärmtem Orangenlikör auflösen. Mit Zucker, Zitronensaft, Quark und Joghurt verrühren. Kalt stellen. Sobald die Masse zu gelieren beginnt, die Sahne steif schlagen und unterheben. Kalt stellen.

4 Die Erdbeeren waschen, putzen und halbieren. Die Aprikosenmarmelade durch ein Sieb streichen. Die Hälfte auf den Tortenboden streichen, die Quarksahne daraufgeben und glatt streichen. Die Erdbeeren darauf kegelförmig anordnen. Die restliche Aprikosenmarmelade etwas erwärmen, die Torte damit überziehen.

Wintertorte
mit Orangensahne

Zutaten für 1 Springform
26 cm Ø, ergibt 12 Stücke

Teig
- 500 g Pumpernickel
- 8 Eier
- 150 g Butter
- 150 g Zucker
- 150 g Rosinen
- 50 g fein geschnittenes Zitronat
- 50 g gemahlene Mandeln
- 1 TL Zimtpulver
- 1 Prise Nelkenpulver

Füllung
- 5 Blatt weiße Gelatine
- 100 g Butter
- 125 g Zucker
- 4 Eigelb
- 1 TL abgeriebene Orangenschale
- 4 EL Orangensaft
- 500 g abgetropfter Quark
- 250 g Doppelrahm-Frischkäse
- 6 EL Rum
- 250 ml Schlagsahne

Guss
- 200 g Puderzucker
- 2 EL Zitronensaft
- 20 g zerlassene Butter
- 50 g geröstete Mandelstifte

1 Den Backofen auf 180 °C (Gas Stufe 2, Umluft 160 °C) vorheizen. Den Pumpernickel zerkrümeln. Die Eier trennen. Die Butter schmelzen und etwas abkühlen lassen. Den Zucker zur Butter geben, die Masse cremig rühren. Das ganze Eigelb unterrühren. Rosinen, Zitronat, Mandeln, Gewürze und Pumpernickelkrümel unterrühren.

2 Das Eiweiß steif schlagen und unterheben. Eine Springform einfetten, den Teig hineingeben, im vorgeheizten Backofen etwa 40 Minuten backen. Herausnehmen, einige Minuten in der Form auskühlen lassen, dann auf ein Kuchengitter stürzen. Den ausgekühlten Boden waagerecht durchschneiden.

3 Gelatine in kaltem Wasser einweichen. Butter, Zucker und Eigelb schaumig rühren. Orangenschale und Orangensaft einrühren. Den Quark durch ein Sieb streichen und mit dem Frischkäse ebenfalls unterrühren.

4 Die Gelatine ausdrücken, in 2 Esslöffel erwärmtem Rum auflösen, unter Quarkmasse ziehen. Die Schlagsahne steif schlagen und unterheben. Den unteren Tortenboden mit dem restlichen Rum beträufeln, die Quarksahne aufstreichen, mit dem zweiten Boden bedecken.

5 Für den Guss den Puderzucker durch ein Sieb streichen und mit Zitronensaft und Butter verrühren. Den Kuchen damit glasieren. Zum Schluss die Mandelstifte dekorativ aufstreuen.

Zutaten für 1 Springform
26 cm Ø, ergibt 12 Stücke

Teig

- 175 g Butter
- 175 g Zucker
- 1 Päckchen Vanillezucker
- 1 Prise Salz
- 2 Eier
- 150 g Mehl
- 1 EL Speisestärke
- 1 TL Backpulver

Belag

- 5 Blatt weiße Gelatine
- 50 g Butter
- 70 g Zucker
- 1 Eigelb
- 2 EL Zitronensaft
- 100 ml Heidelbeersaft
- 300 g abgetropfter Quark
- 200 g Doppelrahm-Frischkäse
- 250 ml Schlagsahne
- 500 g Heidelbeeren
- 200 g Johannisbeergelee

Blaubeer-Quark-Torte

1 Den Backofen auf 200 °C (Gas Stufe 3, Umluft 180 °C) vorheizen. Butter, Zucker, Vanillezucker und Salz schaumig rühren. Die Eier unterrühren. Mehl, Speisestärke und Backpulver vermischen, auf die Buttermasse sieben und unterrühren.

2 Eine Springform einfetten, den Teig einfüllen und glatt streichen. Im vorgeheizten Backofen etwa 20 Minuten backen. Einige Minuten in der Form lassen, danach zum Abkühlen auf ein Kuchengitter setzen.

3 Für den Belag die Gelatine in kaltem Wasser einweichen. Butter, Zucker und Eigelb schaumig schlagen. Zitronensaft und Heidelbeersaft unterrühren.

4 Den Quark durch ein Sieb streichen und mit dem Frischkäse einrühren. Die Gelatine tropfnass in einen Topf geben, bei schwacher Hitze auflösen und unter die Quarkmasse rühren.

5 Die Schlagsahne steif schlagen und unterheben. Die Heidelbeeren waschen und abtropfen lassen. Die Quarksahne auf den Tortenboden geben und glatt streichen. Darauf die Heidelbeeren verteilen und mit dem leicht erwärmten Johannisbeergelee überziehen.

Birnen-Preiselbeer-Torte

Zutaten für 1 Springform
26 cm Ø, ergibt 12 Stücke

Teig
- 4 Eier
- 150 g Zucker
- 1 Päckchen Vanillezucker
- 100 g Mehl
- 100 g Speisestärke
- 3 EL Kakao
- 2 TL Backpulver

Füllung
- 4 Blatt weiße Gelatine
- 2 kg Birnen
- 1/4 l Weißwein
- 2 EL Zucker
- 1 TL abgeriebene Zitronenschale
- 300 g Preiselbeeren
- 300 g Gelierzucker
- 500 g Quark
- 4 Eigelb
- 2 EL Zucker
- 3 EL Obstgeist
- 250 ml Schlagsahne
- 150 g Zartbitterschokolade oder dunkle Kuvertüre

Die Herstellung der Schokoröllchen für die Dekoration wird auf Seite 8 beschrieben.

1 Den Backofen auf 180 °C (Gas Stufe 2, Umluft 160 °C) vorheizen. Die Eier trennen. Eigelb und 3 Esslöffel Wasser cremig rühren. Zucker und Vanillezucker zufügen. Eiweiß steif schlagen, auf die Eigelbmasse geben.

2 Mehl, Speisestärke, Kakao und Backpulver vermischen, auf die Eiweißmasse sieben, alles unter die Eigelbmasse ziehen. Eine Springform mit Backpapier auslegen, den Teig einfüllen. Etwa 20 Minuten backen. Herausnehmen, auskühlen lassen. Den Boden waagerecht durchschneiden.

3 Gelatine in kaltem Wasser einweichen. Birnen schälen, in Spalten schneiden, Kerngehäuse entfernen. Birnenstücke mit Weißwein, Zucker und Zitronenschale zum Kochen bringen, 5 Minuten köcheln lassen. Vom Herd nehmen, auskühlen und abtropfen lassen.

4 Preiselbeeren waschen, abtropfen, mit dem Gelierzucker zum Kochen bringen, 4 Minuten sprudelnd kochen, vom Herd nehmen, auskühlen lassen. Den Quark durch ein Sieb streichen. Eigelb und Zucker zugeben und unterrühren. Den Obstgeist erwärmen, die ausgedrückte Gelatine darin auflösen, unter die Quarkmasse rühren. Die Schlagsahne steif schlagen und unterheben.

5 Auf den unteren Boden jeweils die Hälfte der Preiselbeeren und der Birnen legen. Mit einem Drittel der Quarkmasse bedecken, den zweiten Boden auflegen. Die restlichen Preiselbeeren und Birnenstücke darauflegen. Mit der restlichen Quarkmasse ringsum bestreichen und mit Schokoröllchen verzieren.

Quarktorte
mit Melonenkugeln

Zutaten für 1 Springform
26 cm Ø, ergibt 12 Stücke

Teig
- 200 g Mehl
- 1 TL Backpulver
- 125 g Zucker
- 1 Päckchen Vanillezucker
- 1 Prise Zimtpulver
- 1 Ei
- 125 g kalte Butter
- 125 g gemahlene Haselnusskerne

Belag
- 5 Blatt weiße Gelatine
- 1 Vanilleschote
- 300 g abgetropfter Quark
- 250 g Doppelrahm-Frischkäse
- 100 g Zucker
- 4 EL Limettensaft
- 300 ml Schlagsahne
- 250 g Melonenfruchtfleisch
- Minzeblättchen

Eine besondere Note erhält die Torte, wenn Sie die Melonenkugeln vor dem Dekorieren in Holunderblütensirup oder Limonenlikör tauchen.

1 Den Backofen auf 200 °C (Gas Stufe 3, Umluft 180 °C) vorheizen. Mehl und Backpulver vermischen, in eine Schüssel sieben, in die Mitte eine Vertiefung drücken. Zucker, Vanillezucker, Zimt und das Ei hineingeben und mit einem Teil des Mehls zu einem breiartigen Teig verarbeiten.

2 Die Butter in Stücke schneiden, auf den Teig legen, die Haselnüsse daraufstreuen und von der Mitte her alle Zutaten zu einem glatten Teig verkneten. 30 Minuten kalt stellen.

3 Eine Springform einfetten, den Teig einfüllen und im vorgeheizten Backofen etwa 20 Minuten backen. Den Boden herausnehmen, etwas ruhen lassen und dann zum Abkühlen auf ein Kuchengitter setzen.

4 Für den Belag die Gelatine in kaltem Wasser einweichen. Die Vanilleschote längs einritzen, das Mark herausschaben. Den Quark durch ein Sieb streichen und mit dem Frischkäse, dem Zucker, 2 Esslöffel Limettensaft und dem Vanillemark verrühren.

5 Den restlichen Limettensaft erwärmen, die ausgedrückte Gelatine darin auflösen und zur Quarkmasse geben. Die Sahne steif schlagen und unterheben. Die Quarksahne auf den Boden streichen. Mit einem Kugelausstecher Melonenkugeln ausstechen, auf der Torte anordnen. Mit Minzeblättchen dekorieren.

Amarettotorte

Zutaten für 1 Springform
26 cm Ø, ergibt 12 Stücke

Teig
- 150 g Mehl
- 1 TL Backpulver
- 70 g Zucker
- 2 Eigelb
- 2 EL Milch
- 80 g kalte Butter

Belag
- 500 g Sauerkirschen
- 150 ml Himbeersaft
- 2 EL Zitronensaft
- 2 TL Speisestärke
- 2 EL Amaretto
- 2 EL gemahlene Mandeln
- 800 g abgetropfter Quark
- 200 g Zucker
- 1 Päckchen Vanillezucker
- 2 Eigelb
- 100 ml Sahne
- 1 Päckchen Vanille-Puddingpulver
- 3 Eiweiß
- 100 g Johannisbeergelee
- 30 g geröstete Mandelblättchen

Sie können für diese Torte Sauerkirschen aus dem Glas nehmen, wenn Sie sie vorher gut abtropfen lassen.

1 Das Mehl mit dem Backpulver vermischen und in eine Schüssel sieben. In die Mitte eine Vertiefung drücken. Zucker, Eigelb und Milch in die Vertiefung geben und mit einem Teil des Mehls zu einem breiartigen Teig verrühren. Die Butter in Stückchen auf den Teig geben und alle Zutaten gut zu einem geschmeidigen Teig verkneten. Eine Kugel formen, 30 Minuten kalt stellen.

2 Die Kirschen waschen und entsteinen. Mit 100 Milliliter Himbeersaft in einen Topf geben, Zitronensaft zufügen, alles 2 Minuten köcheln lassen. Den restlichen Himbeersaft mit der Speisestärke verrühren, zu den Kirschen geben, aufkochen lassen, vom Herd nehmen. Amaretto und Mandeln einrühren.

3 Den Quark durch ein Sieb in eine Schüssel streichen und mit Zucker, Vanillezucker, Eigelb, Sahne, Puddingpulver verrühren. Das Eiweiß steif schlagen und unterheben. Den Backofen auf 180 °C (Gas Stufe 2, Umluft 160 °C) vorheizen. Den Teig auf bemehlter Fläche ausrollen. Eine Springform einfetten, den Teig hineinlegen, einen Rand hochziehen, leicht andrücken und den Teigboden mit einer Gabel mehrmals einstechen. Die Kirschmischung aufstreichen. Die Quarkmasse darübergeben.

4 Etwa 40 Minuten backen, in der Form auskühlen lassen. Dann den Springformrand vorsichtig abnehmen. Gelee erwärmen, den Rand der Torte damit bestreichen und mit Mandelblättchen verzieren.

Zutaten für 1 Springform
26 cm Ø, ergibt 12 Stücke

Teig
- 2 Eier
- 100 g Zucker
- 1 Päckchen Vanillezucker
- 80 g Mehl
- 50 g Speisestärke
- 30 g Kakao
- 1 TL Backpulver

Füllung
- 5 Blatt weiße Gelatine
- 300 g abgetropfter Quark
- 200 g Doppelrahm-Frischkäse
- 50 g Puderzucker
- Saft und Schale von 1 unbehandelten Zitrone
- 500 ml Schlagsahne
- 200 g Heidelbeerkonfitüre
- 2 EL Obstgeist
- 1 kg Heidelbeeren
- 100 g Zucker
- 1/8 l Orangensaft
- 40 g Speisestärke
- 100 ml Zitronensaft
- 50 g geröstete Mandelblättchen

Der Kakao im Biskuit gibt dieser Torte eine schöne Schokoladennote.

Sahnetorte
mit Heidelbeeren

1 Den Backofen auf 180 °C (Gas Stufe 2, Umluft 160 °C) vorheizen. Die Eier trennen. Eigelb und 2 Esslöffel warmes Wasser schaumig rühren. Zucker und Vanillezucker unterrühren. Das Eiweiß steif schlagen, auf die Eigelbmasse geben.

2 Mehl, Speisestärke, Kakao und Backpulver vermischen, auf den Eischnee sieben. Alles unter die Eigelbmasse ziehen. Eine Springform mit Backpapier auslegen, den Teig einfüllen, etwa 20 Minuten backen. Auskühlen lassen und waagerecht durchschneiden.

3 Die Gelatine in kaltem Wasser einweichen. Quark, Frischkäse, Puderzucker und Zitronenschale verrühren. Etwas Zitronensaft erwärmen, die ausgedrückte Gelatine darin auflösen und unter die Masse rühren. Die Sahne steif schlagen und unterheben. Konfitüre und Obstgeist verrühren, den unteren Biskuitboden damit bestreichen. Den zweiten Boden aufsetzen. Alles mit der Quarksahne bestreichen. Kalt stellen.

4 Heidelbeeren waschen und trocken tupfen. Den Zucker in einen Topf geben und karamellisieren. 300 g Heidelbeeren zugeben, Orangensaft angießen, 10 Minuten köcheln lassen. Speisestärke und Zitronensaft verrühren, die Heidelbeeren damit binden. Vom Herd nehmen, die restlichen Beeren untermischen. Kalt stellen. Die abgekühlte Beerenmischung auf der Quarksahne verteilen. Zum Schluss die Mandelblättchen aufstreuen.

Baisertorte
mit Johannisbeeren

Zutaten für 1 Springform
26 cm Ø, ergibt 12 Stücke

Teig
- 150 g Mehl
- 1 TL Backpulver
- 70 g Zucker
- 2 Eigelb
- 2 EL Milch
- 70 g kalte Butter
- 2 EL gemahlene Mandeln

Belag
- 125 g weiche Butter
- 125 g Zucker
- 1 Päckchen Vanillezucker
- 2 Eier
- 500 g abgetropfter Quark
- 100 g Schmant
- 3 EL Zitronensaft
- 500 g rote Johannisbeeren

Baiser
- 2 Eiweiß
- 1 EL Zucker
- 50 g geröstete Mandelblättchen

Diese Torte gelingt auch mit gezuckerten Rhabarberstückchen sehr gut, die Backzeit verlängert sich dabei um etwa 5 Minuten.

1 Mehl und Backpulver vermischen und in eine Schüssel sieben. In die Mitte eine Vertiefung drücken. Zucker, Eigelb und Milch hineingeben und mit einem Teil des Mehls zu einem breiartigen Teig vermengen. Die Butter in Stücke schneiden, mit den Mandeln zugeben. Die Zutaten von der Mitte her zu einem glatten Teig verkneten, 30 Minuten kalt stellen.

2 Den Backofen auf 180 °C (Gas Stufe 2, Umluft 160 °C) vorheizen. Für den Belag Butter, Zucker, Vanillezucker und Eier verrühren. Den Quark durch ein Sieb streichen, mit dem Schmant und dem Zitronensaft zugeben und unterrühren. Die Johannisbeeren waschen und von den Rispen streifen. Ein paar Beeren für die Dekoration beiseitelegen.

3 Eine Springform einfetten. Den Teig auf einer bemehlten Fläche ausrollen und in die Springform hineinlegen, einen Rand hochziehen. Den Teigboden mit einer Gabel mehrmals einstechen. Die Quarkmasse daraufgeben, glatt streichen. Die Johannisbeeren auf der Quarkmasse anordnen. Im vorgeheizten Backofen etwa 30 Minuten backen.

4 Das Eiweiß steif schlagen, den Zucker dabei einrieseln lassen. Die Mandelblättchen unterheben. Die Eiweißmasse in Klecksen auf die Johannisbeeren geben. Den Kuchen weitere 5 Minuten backen. Herausnehmen und mit den restlichen Johannisbeeren dekorieren.

Zutaten für 1 Springform
26 cm Ø, ergibt 12 Stücke

Mürbteig
- 150 g Mehl
- 1 TL Backpulver
- 70 g Zucker
- 1 Päckchen Vanillezucker
- 1 Ei
- 70 g kalte Butter

Biskuit
- 3 Eier
- 150 g Zucker
- 1 Päckchen Vanillezucker
- 1 Prise Salz
- 150 g Mehl
- 50 g Speisestärke
- 2 EL Kakao
- 80 g zerlassene Butter

Füllung
- 5 Blatt weiße Gelatine
- 2 Eier
- 3 EL Puderzucker
- Saft von ½ Zitrone
- 4 EL Himbeergeist
- 500 g abgetropfter Quark
- 150 g Doppelrahm-Frischkäse
- 450 ml Schlagsahne
- 100 g Zucker
- 500 g Heidelbeeren
- 4 EL Johannisbeergelee
- 1 Päckchen Sahnesteif
- 1 Päckchen Vanillezucker
- 125 g geraspelte Zartbitterschokolade
- Minzeblättchen

Heidelbeer-Sahne-Traum

1 Mehl und Backpulver vermischen, sieben. Zucker, Vanillezucker und Ei dazugeben und mit einem Teil des Mehls vermengen. Butter in Stücke schneiden, dazugeben. Zu einem glatten Teig verkneten, 30 Minuten kalt stellen. Backofen auf 200 °C (Gas Stufe 3, Umluft 180 °C) vorheizen. Springform einfetten, Teig ausrollen, in die Form geben, mehrmals einstechen. Etwa 20 Minuten backen.

2 Eier mit 3 Esslöffel warmem Wasser schaumig rühren. Zucker und Vanillezucker zufügen, cremig rühren. Salz zugeben. Mehl und Speisestärke mischen, sieben und mit dem Kakao einrühren. Zuletzt die abgekühlte Butter zugeben. Springform mit Backpapier auslegen, den Teig einfüllen und etwa 25 Minuten backen. Herausnehmen, auskühlen lassen. Waagerecht durchschneiden. Gelatine einweichen. Eier trennen. Eigelb mit Puderzucker, Zitronensaft und Himbeergeist im heißen Wasserbad cremig schlagen. Ausgedrückte Gelatine darin auflösen. Quark und Frischkäse einrühren. Kalt stellen. Sobald die Masse fest wird, 250 Milliliter Sahne mit 1 Teelöffel Zucker steif schlagen, unterziehen. Eiweiß steif schlagen, unterheben. 30 Minuten kalt stellen.

3 Die Hälfte der Beeren mit dem restlichen Zucker durch ein Sieb streichen. Einige Beeren vorher beiseitelegen. Püree und die restlichen Beeren unter die Quarkmasse heben. Mürbteigboden mit Gelee bestreichen, Biskuitboden auflegen, mit der Hälfte der Masse bestreichen. Zweiten Boden auflegen, mit der restlichen Masse bestreichen. Restliche Sahne mit Sahnesteif und Vanillezucker steif schlagen, Torte überziehen. Mit Beeren, Schokolade, Minzeblättchen verzieren.

Zutaten für 1 Springform
26 cm Ø, ergibt 12 Stücke

Teig
- 150 g Mehl
- 1 TL Backpulver
- 70 g Zucker
- 1 Eigelb
- 2 EL Milch
- 80 g kalte Butter
- 4 EL Orangenlikör

Belag
- 4 Blatt weiße Gelatine
- 300 g abgetropfter Quark
- 100 g Doppelrahm-Frischkäse
- 100 g Zucker
- 250 ml Schlagsahne
- 4 Eiweiß
- 6 Bananen
- Saft von 1 Zitrone
- Einige helle Weintrauben

Der bekannteste Orangenlikör ist sicherlich der Cointreau. Er kommt aus Frankreich und wird aus süßen und bitteren Orangen hergestellt, was ihm seinen typischen Geschmack verleiht.

Quark-Bananen-Torte

1 Mehl und Backpulver vermischen und in eine Schüssel sieben. In die Mitte eine Vertiefung drücken. Zucker, Eigelb und Milch in die Vertiefung geben und mit einem Teil des Mehls zu einem breiartigen Teig verarbeiten. Die Butter in Stücke schneiden und obenauf geben. Alle Zutaten von der Mitte her gut verkneten. Eine Kugel aus dem Teig formen, 30 Minuten kalt stellen.

2 Den Backofen auf 200 °C (Gas Stufe 3, Umluft 180 °C) vorheizen. Eine Springform einfetten. Den Teig auf bemehlter Fläche ausrollen und in die Springform geben. Den Teigboden mit einer Gabel mehrmals einstechen. Im vorgeheizten Backofen etwa 20 Minuten backen.

3 Den Kuchen herausnehmen, den Boden aus der Form lösen und zum Auskühlen auf ein Kuchengitter legen. Mit Orangenlikör beträufeln.

4 Für den Belag die Gelatine in kaltem Wasser einweichen, tropfnass in einen kleinen Topf geben und bei mäßiger Hitze auflösen. Den Quark durch ein Sieb streichen und mit dem Frischkäse und dem Zucker verrühren. Die Gelatine unterrühren. Kalt stellen.

5 Sobald die Masse fest wird, die Sahne steif schlagen und unterheben. Das Eiweiß steif schlagen und ebenfalls unterheben. Die Bananen schälen und in Scheiben schneiden, auf dem Tortenboden verteilen. Die Quarksahne aufstreichen. Mit Weintrauben dekorieren.

Mandel-Pfirsich-Torte

Zutaten für 1 Springform
26 cm Ø, ergibt 12 Stücke

Teig
- 125 g Butter
- 100 g Zucker
- 1 Päckchen Vanillezucker
- 1 Ei
- 1 Prise Salz
- 250 g Mehl
- $\frac{1}{2}$ Päckchen Backpulver

Belag
- 1 Päckchen Mandel-Puddingpulver
- 200 g Zucker
- $\frac{1}{2}$ l Milch
- 100 g weiche Butter
- 1 Prise Salz
- 4 EL Sahne
- 4 Eiweiß
- 800 g abgetropfter Quark
- 200 g Aprikosenkonfitüre
- 500 g Pfirsiche
- 1 Päckchen heller Tortenguss
- 50 g geröstete Mandelblättchen

1 Die Butter schaumig rühren. Nach und nach Zucker, Vanillezucker, Ei und Salz zufügen. Mehl und Backpulver vermischen und sieben. Die Hälfte der Mehlmischung unterrühren. Rest auf den Teig geben und alles mit den Händen zu einer krümeligen Masse verarbeiten. Eine Springform einfetten, die Teigmasse hineindrücken.

2 Den Backofen auf 200 °C (Gas Stufe 3, Umluft 180 °C) vorheizen. Das Puddingpulver mit 2 Esslöffel Zucker in etwas kalter Milch verquirlen. Die restliche Milch zum Kochen bringen, das Puddingpulver einrühren, aufkochen lassen, vom Herd nehmen und auskühlen lassen.

3 In einer Schüssel die Butter schaumig rühren, den restlichen Zucker, das Salz und die Sahne einrühren. Den Quark durch ein Sieb streichen und in die Buttermasse rühren. Die Puddingmasse ebenfalls einrühren. Die Masse auf dem Teig verteilen und glatt streichen. Etwa 35 Minuten backen. 100 Gramm Aprikosenkonfitüre erwärmen und die Torte damit bestreichen.

4 Die Pfirsiche waschen, halbieren, entsteinen und in Spalten schneiden. Die Spalten dachziegelartig von außen nach innen auf der Torte anordnen. Den Tortenguss nach Packungsanleitung zubereiten und die Pfirsiche mit dem Guss überziehen. Die restliche Aprikosenkonfitüre erwärmen, den Rand der Torte damit bestreichen und sofort die Mandelblättchen andrücken.

Zutaten für 2 Springformen
26 cm Ø, ergibt 12 Stücke

Teig
- 300 g Mehl
- 2 TL Backpulver
- 100 g Zucker
- 1 Päckchen Vanillezucker
- 1 Ei
- 2 EL Milch
- 150 g kalte Butter
- 1 EL gemahlene Mandeln
- 1 EL gehackte Mandeln
- 200 g Orangenmarmelade

Füllung
- 6 Blatt weiße Gelatine
- 300 g abgetropfter Quark
- 200 g Doppelrahm-Frischkäse
- 70 g Puderzucker
- 4 EL Zitronensaft
- 400 ml Schlagsahne
- 2 Dosen Mandarinen (à 350 g Abtropfgewicht)
- 1 Päckchen heller Tortenguss

Anstelle der Mandarinen eignen sich für diese Torte auch Pfirsiche oder Aprikosen sehr gut.

Mandarinen-Sahne-Torte

1 Mehl und Backpulver mischen, sieben, in die Mitte eine Vertiefung drücken. Zucker, Vanillezucker, Ei und Milch hineingeben, mit einem Teil des Mehls vermischen. Die Butter in Stücken und die Mandeln dazugeben. Alles verkneten und 30 Minuten kalt stellen.

2 Den Backofen auf 200 °C (Gas Stufe 3, Umluft 180 °C) vorheizen. Aus dem Teig 2 Böden backen. Die Springformen einfetten. Je die Hälfte des Teigs einfüllen, mit einer Gabel mehrmals einstechen. Etwa 15 Minuten backen. Herausnehmen, etwas ruhen lassen, aus der Form lösen und auf ein Kuchengitter setzen. Beide Böden mit der Orangenmarmelade bestreichen.

3 Die Gelatine in kaltem Wasser einweichen. Den Quark durch ein Sieb streichen, mit dem Frischkäse und dem Puderzucker verrühren. Zitronensaft leicht erwärmen, die ausgedrückte Gelatine darin auflösen, danach unter die Quarkmasse rühren. Die Sahne steif schlagen und unterheben.

4 Den unteren Boden auf eine Platte legen und mit einem Tortenring umschließen. Die Quarksahne darauf verteilen, den zweiten Boden auflegen. Die Mandarinen abtropfen lassen, den Saft auffangen, auf der Torte anordnen. Den Tortenguss nach Packungsanleitung zubereiten, als Flüssigkeit den Mandarinensaft verwenden. Den Guss über die Mandarinen ziehen. Die Torte bis zum Servieren kalt stellen.

Birnentorte

mit Schokostreuseln

Zutaten für 1 Springform
26 cm Ø, ergibt 12 Stücke

Teig
- 250 g Mehl
- 70 g Zucker
- 3 EL Kakao
- 1 Ei
- 100 g kalte Butter

Füllung
- 100 g Butter
- 500 g abgetropfter Quark
- 150 g Zucker
- 4 Eier
- 3 EL Grieß
- 1 TL abgeriebene Schale von 1 unbehandelten Zitrone
- 6 EL Zitronensaft
- 4 Birnen
- 4 EL Kirschkonfitüre

1 Das Mehl in eine Schüssel sieben, in die Mitte eine Vertiefung drücken. Zucker und Kakao vermischen, mit dem Ei in die Vertiefung geben. Die Butter in Stücke schneiden, darauflegen, dann alles zu einem glatten Teig verkneten. 30 Minuten kalt stellen.

2 Die Butter für die Füllung zerlassen. Den Quark durch ein Sieb in eine Schüssel streichen. Butter, Zucker, Eier, Grieß, Zitronenschale und Zitronensaft zugeben und unterrühren.

3 Den Backofen auf 180 °C (Gas Stufe 2, Umluft 160 °C) vorheizen. Den Boden einer Springform mit Backpapier auslegen. Zwei Drittel des Teigs auf bemehlter Fläche ausrollen, in die Springform legen, einen Rand hochziehen und den Teigboden mit einer Gabel mehrmals einstechen. Ein Drittel der Quarkmasse darauf verteilen.

4 Die Birnen schälen, halbieren, das Kernhaus entfernen. In die entstandene Höhlung die Kirschkonfitüre füllen. Die Birnen mit der Konfitüre nach unten auf die Quarkmasse legen. Die restliche Quarkmasse darübergeben.

5 Den restlichen Mürbeteig zu Streuseln formen, wenn nötig, dabei etwas Mehl zufügen. Die Streusel auf die Torte streuen. In den vorgeheizten Backofen schieben und etwa 40 Minuten backen.

Für die Füllung der Birnen eignet sich auch Preiselbeer- oder Johannisbeerkonfitüre.

Zutaten für 1 Springform
26 cm Ø, ergibt 12 Stücke

Teig
- 180 g Mehl
- 1 TL Backpulver
- 70 g Zucker
- 1 Päckchen Vanillezucker
- 1 Ei
- 1 Prise Salz
- 90 g kalte Butter

Belag
- 500 g abgetropfter Quark
- 2 Eigelb
- 60 g zerlassene Butter
- 100 ml Öl
- 100 g Zucker
- 1 Päckchen Vanille-Puddingpulver
- $^1/_2$ l Milch
- 1 Prise Salz
- 1 TL geriebene Zitronenschale

Baiser
- 2 Eiweiß
- 80 g Zucker

Quarktorte

mit Baiser

1 Mehl und Backpulver vermischen, sieben, in die Mitte eine Vertiefung drücken. Zucker, Vanillezucker, Ei und Salz hineingeben. Etwas Mehl vom Rand einrühren, einen breiartigen Teig herstellen. Die Butter in Stücken auflegen, mit Mehl bedecken. Die Zutaten von der Mitte her zu einem glatten Teig verkneten. 30 Minuten kalt stellen.

2 Den Backofen auf 180 °C (Gas Stufe 2, Umluft 160 °C) vorheizen. Eine Springform einfetten. Zwei Drittel des Teigs ausrollen und in die Springform legen. Aus dem restlichen Teig einen Rand formen. Den Teigboden mit einer Gabel mehrmals einstechen.

3 Für den Belag den Quark durch ein Sieb streichen, mit Eigelb, Butter, Öl, Zucker, Puddingpulver, Milch, Salz und Zitronenschale verrühren. Die flüssige Masse auf den Teig gießen. Im vorgeheizten Backofen etwa 30 Minuten backen.

4 Für das Baiser das Eiweiß steif schlagen, dabei den Zucker nach und nach einrieseln lassen. Die Baisermasse auf dem noch heißen Kuchen verteilen und weitere 10 Minuten backen.

Kleine Köstlichkeiten

Aufs Feinste veredelt mit sahnigem Quark, mit leuchtenden Früchten, mit köstlicher Konfitüre verlocken die kleinen Kuchen in Form von Hörnchen, Brezeln, Zipfeln oder Tüten zum Zulangen. Und wenn aus dem Backofen wundersamer Duft strömt, wird die Vorfreude auf Lukullisches größer und größer.

Windbeutel
mit Bananenquark

1 Einen Viertelliter Wasser mit der Butter zum Kochen bringen. Mehl und Speisestärke vermischen, sieben und auf einmal in das Wasser schütten, einen Kloß anrühren und diesen 1 Minute unter Rühren erhitzen. Danach den Kloß in eine Schüssel geben, die Eier nach und nach untermengen. Zuletzt das Backpulver unter den ausgekühlten Teig geben.

2 Den Backofen auf 200 °C (Gas Stufe 3, Umluft 180 °C) vorheizen. Ein Backblech einfetten. Mit 2 Esslöffeln Teighäufchen vom Teigkloß abstechen und auf das Backblech setzen. Im vorgeheizten Backofen etwa 15 Minuten backen. Die fertigen Windbeutel herausnehmen und sofort waagerecht durchschneiden.

3 Für die Füllung die Gelatine in kaltem Wasser einweichen. Die Banane schälen, klein schneiden, mit etwas Zitronensaft beträufeln. Den Quark durch ein Sieb in eine Schüssel streichen und mit dem Zucker verrühren. Die Bananenstücke untermischen.

4 Den Zitronensaft in einem kleinen Topf erwärmen, die Gelatine ausdrücken und im Zitronensaft auflösen. Die Mischung unter den Quark rühren. Die Schlagsahne steif schlagen und unterheben. Die Windbeutel mit dem Bananenquark füllen.

Zutaten
Ergibt 6–8 Stück

Teig
- 50 g Butter
- 150 g Mehl
- 30 g Speisestärke
- 5 Eier
- 1 TL Backpulver

Füllung
- 3 Blatt weiße Gelatine
- 1 Banane
- 4 EL Zitronensaft
- 200 g abgetropfter Quark
- 2 EL Zucker
- 250 ml Schlagsahne

Für diese Füllung eignet sich jedes nicht zu harte Obst. Sehr gut schmecken zum Beispiel auch frische Himbeeren oder Erdbeerstückchen.

Zutaten
Ergibt 12 Stück

Teig
- 500 g Mehl
- 30 g Hefe
- 100 g Zucker
- $^{1}/_{4}$ l Milch
- 1 Päckchen Vanillezucker
- 2 Eier
- 1 Prise Salz
- 50 g gehackte Mandeln
- 100 g weiche Butter

Belag
- 250 g abgetropfter Quark
- 2 Eigelb
- 1 EL Zucker
- 2 TL Vanille-Puddingpulver
- 400 g Kirschkonfitüre
- 200 g Puderzucker
- 2 EL Zitronensaft
- 50 g geröstete Mandelblättchen

Anstelle von Zitronensaft lassen sich Glasuren auch mit Orangensaft, Vanilleextrakt, Kirschwasser oder Rum aromatisieren.

Quarktaler

1 Das Mehl in eine Schüssel sieben, in die Mitte eine Vertiefung drücken. Die Hefe zerbröckeln, mit 1 Teelöffel Zucker in etwas lauwarmer Milch verrühren, in die Vertiefung gießen, mit etwas Mehl vom Rand einen breiartigen Vorteig anrühren. Zugedeckt 20 Minuten gehen lassen.

2 Auf dem Mehlrand den restlichen Zucker, Vanillezucker, die Eier, das Salz, die Mandeln und die Butter in Flöckchen anordnen. Von der Mitte her alles zu einem glatten Teig verkneten, dabei die restliche Milch zufügen. Nochmals zugedeckt 30 Minuten gehen lassen.

3 Den Backofen auf 200 °C (Gas Stufe 3, Umluft 180 °C) vorheizen. Den Quark durch ein Sieb in eine Schüssel streichen. Eigelb, Zucker, Puddingpulver zugeben und unterrühren. Beiseitestellen. Die Kirschkonfitüre ebenfalls durch ein Sieb streichen. Ein Backblech einfetten.

4 Den Teig auf bemehlter Fläche zu einer 10 Zentimeter dicken Rolle formen. 2 Zentimeter dicke Stücke davon abschneiden und auf das Backblech legen. Die Fladen in der Mitte etwas eindrücken, damit die Füllung Platz hat. Den Teig mit einer Gabel mehrmals einstechen.

5 In die Mulde für die Füllung zuerst einen Klecks Konfitüre geben, darauf einen Klecks von der Quarkmasse. Etwa 20 Minuten backen. Herausnehmen, auskühlen lassen. Den Puderzucker sieben, mit dem Zitronensaft verrühren, den Rand der Taler damit bestreichen. Zum Schluss die Mandelblättchen daraufstreuen.

Zutaten für 8 Tortelettformen
10 cm Ø

Teig
- 100 g Marzipan-Rohmasse
- 6 EL Milch
- 180 g weiche Butter
- 100 g Zucker
- 4 Eier
- 180 g Mehl
- 30 g Speisestärke
- 1 TL Backpulver
- 80 g gehackte Mandeln
- 200 g Orangenmarmelade

Belag
- 5 Blatt weiße Gelatine
- 1 Vanilleschote
- 4 EL Limettensaft
- 300 g abgetropfter Quark
- 250 g Joghurt
- 100 g Zucker
- 300 ml Schlagsahne
- Gehackte Pistazien

Die Törtchen bekommen ihr unvergleichliches Aroma durch die Vanilleschote. Zum Backen wird meist Bourbon-Vanille verwendet.

Quarktörtchen

1 Das Marzipan zerkleinern und in erhitzter Milch auflösen. Butter und Zucker schaumig rühren, die Eier einrühren. Die Marzipanmilch unterrühren. Mehl, Speisestärke und Backpulver vermischen, sieben und zusammen mit den Mandeln ebenfalls mit der Eiermasse vermengen.

2 Den Backofen auf 180 °C (Gas Stufe 2, Umluft 160 °C) vorheizen. Die Tortelettformen einfetten, den Teig einfüllen. Auf ein Gitter oder Backblech setzen und im vorgeheizten Backofen etwa 12 Minuten backen.

3 Die Torteletts herausnehmen und gleich mit der Orangenmarmelade bestreichen. Für die Füllung die Gelatine in etwas kaltem Wasser einweichen.

4 Die Vanilleschote längs einritzen und das Mark herausschaben. 2 Esslöffel Limettensaft erwärmen und die ausgedrückte Gelatine darin auflösen. Quark, Joghurt, Zucker, restlichen Limettensaft und Vanillemark verrühren, zur Quarkmasse geben. Die aufgelöste Gelatine untermengen.

5 Sobald die Masse zu gelieren beginnt, die Sahne steif schlagen und unterheben. Die Quarksahne auf die Torteletts geben. Zum Schluss ein paar gehackte Pistazien auf die Quarktörtchen streuen.

Zutaten
Ergibt 6–8 Stück

Teig
- 50 g Schweineschmalz oder Butter
- 150 g Mehl
- 30 g Speisestärke
- 6 Eier
- 1 TL Backpulver

Füllung
- 1 Mango (etwa 500 g)
- 4 Blatt weiße Gelatine
- 300 g abgetropfter Quark
- 100 g Doppelrahm-Frischkäse
- 2 EL Zucker
- Saft und abgeriebene Schale von 1 unbehandelten Zitrone
- 250 ml Schlagsahne
- Kandierte Rosenblütenblätter

Glasur
- 200 g Puderzucker
- 2–3 EL Mangosaft
- 1 TL Eiweiß

Reife und aromatische Mangos erkennt man an ihrem süßen Duft. Grüne Mangos können Sie zu Hause nachreifen lassen, indem Sie sie in Zeitungspapier wickeln.

Eclairs
mit Mangoquark

1 In einem Topf einen Viertelliter Wasser mit dem Fett zum Kochen bringen. Vom Herd nehmen. Mehl und Speisestärke vermischen und auf einmal hineingeben, einen glatten Kloß anrühren. Den Kloß unter Rühren 1 Minute lang erhitzen. Den heißen Kloß in eine Schüssel geben, nach und nach die Eier untermengen. Zuletzt das Backpulver in den erkalteten Teig geben.

2 Den Backofen auf 180 °C (Gas Stufe 2, Umluft 160 °C) vorheizen. Ein Backblech mit Backpapier belegen. Den Teig in einen Spritzbeutel mit großer Sterntülle füllen und etwa fingerlange Streifen auf das Backpapier spritzen. Im vorgeheizten Backofen etwa 15 Minuten backen.

3 Die Eclairs aus dem Ofen nehmen und sofort waagerecht durchschneiden. Für die Füllung die Mango schälen und längs bis auf den Stein einschneiden. Das Fruchtfleisch in Spalten abtrennen und klein schneiden. Beiseitestellen. Die Gelatine in etwas kaltem Wasser einweichen.

4 Den Quark durch ein Sieb in eine Schüssel streichen. Mit dem Frischkäse, dem Zucker und der Zitronenschale verrühren. Den Zitronensaft erwärmen, die ausgedrückte Gelatine darin auflösen, zur Quarkmasse geben und unterrühren. Die Schlagsahne steif schlagen und unterheben. Zuletzt die Mangostücke unterheben.

5 Die Eclairs mit dem Mangoquark füllen. Mit Rosenblütenblättern bestreuen. Für die Glasur den Puderzucker sieben und mit dem Mangosaft und dem Eiweiß verrühren. Die Eclairs damit überziehen.

Zutaten
Ergibt 6–8 Stück

Teig
- 4 Eier
- 200 g Zucker
- 1 Päckchen Vanillezucker
- 1 Prise Salz
- 100 g Mehl
- 125 g Speisestärke
- 1 TL Backpulver

Füllung
- 3 Blatt weiße Gelatine
- 200 g abgetropfter Quark
- 1 EL fein geschnittene Minze
- 2 EL Zucker
- 2 EL Himbeergeist
- 250 ml Schlagsahne
- 500 g Beeren (Himbeeren, Erdbeeren, Johannisbeeren, Heidelbeeren, Brombeeren)
- Minzeblättchen zum Dekorieren

Frische Beeren sind natürlich am besten – Sie können aber auch Tiefkühlware verwenden. Dann sollten Sie die Beeren vorher auftauen und besonders gut abtropfen lassen.

Quarktüten

1 Die Eier trennen. Eigelb und 2 Esslöffel warmes Wasser cremig rühren. Zucker und Vanillezucker einrühren. Das Eiweiß mit dem Salz steif schlagen und unter die Eigelbmasse heben. Mehl, Speisestärke und Backpulver vermischen, auf die Eimasse sieben und unterziehen.

2 Den Backofen auf 180 °C (Gas Stufe 2, Umluft 160 °C) vorheizen. Mit der Schere aus Backpapier tellergroße Kreise ausschneiden und halbieren. 3 Kelchgläser bereitstellen.

3 Je 3 Papierhalbkreise auf ein Backblech legen und dünn mit dem Teig bestreichen. Im vorgeheizten Backofen 4 bis 5 Minuten backen. Die Teighalbkreise sofort vom Papier lösen, in ein Glas gleiten lassen, sodass sich Tüten formen. Etwas auskühlen lassen, dann auf ein Kuchengitter legen. Weitere Tüten backen, bis der Teig aufgebraucht ist.

4 Für die Füllung die Gelatine in kaltem Wasser einweichen. Den Quark durch ein Sieb in eine Schüssel streichen, mit der Minze und dem Zucker verrühren. Den Himbeergeist erwärmen, die ausgedrückte Gelatine darin auflösen, alles unter die Quarkmasse rühren.

5 Die Sahne steif schlagen und unterheben. Das Beerenobst waschen, putzen und gut trocknen. Kurz vor dem Servieren die Tüten mit der Quarksahne füllen und mit Beerenobst und Minzeblättchen dekorieren.

Zutaten
Ergibt 12 Stück

Teig
- 400 g Kartoffeln
- 80 g weiche Butter
- 125 g Zucker
- 3 Eier
- 250 g Mehl
- 1 EL Speisestärke
- 1 Päckchen Backpulver
- 50 g gemahlene Haselnüsse

Füllung
- 150 g Aprikosenkonfitüre
- 200 g abgetropfter Quark
- 3 EL Schmant
- 2 EL Zucker
- ½ TL abgeriebene Schale von 1 unbehandelten Zitrone
- 2 Eigelb
- Hagelzucker

Schokoladenfans können die Hörnchen mit einem Schokoladenguss überziehen.

Quarkhörnchen

1 Die Kartoffeln in der Schale kochen, pellen, durch die Kartoffelpresse drücken und auskühlen lassen. In eine Schüssel füllen, mit 2 Gabeln auflockern. Butter, Zucker und Eier untermischen. Mehl, Speisestärke und Backpulver vermischen, auf die Kartoffelmasse sieben und mit den Haselnüssen untermengen.

2 Den Teig auf bemehlter Fläche ausrollen und Quadrate von 20 Zentimeter Kantenlänge schneiden. Die Konfitüre durch ein Sieb streichen und die Quadrate damit bestreichen. Den Backofen auf 200 °C (Gas Stufe 3, Umluft 180 °C) vorheizen.

3 Den Quark durch ein Sieb in eine Schüssel drücken und mit dem Schmant, dem Zucker und der Zitronenschale verrühren. Ein Backblech einfetten.

4 Jeweils einen Klecks vom Quark auf die Quadrate geben. Von einer Spitze beginnend aufrollen und zu Hörnchen biegen. Die Hörnchen auf das Backblech legen, mit Eigelb bestreichen und mit Hagelzucker bestreuen. Im vorgeheizten Backofen etwa 20 Minuten backen.

Zutaten
Ergibt 8 Stück

Teig
- 6 Eiweiß
- 200 g Zucker
- 1 TL Zitronensaft
- 150 g gemahlene Mandeln
- 60 g Speisestärke
- 1 Päckchen Vanillezucker

Füllung
- 4 Blatt weiße Gelatine
- 2 Eier
- 2 EL Puderzucker
- 2 EL Zitronensaft
- 8 EL Obstgeist
- 250 g abgetropfter Quark
- 125 g Doppelrahm-Frischkäse
- 250 ml Schlagsahne
- 2 EL Zucker
- 500 g Erdbeeren
- 150 g Johannisbeergelee
- Kandierte Rosenblütenblätter nach Belieben

Diese Törtchen eigen sich auch zum Füllen mit anderem Obst. Gut schmecken z. B. gehäutete und klein geschnittene Pfirsiche oder Aprikosen.

Weiße Obsttörtchen

1 Das Eiweiß schaumig schlagen, etwas Zucker zufügen, dann mit dem restlichen Zucker und dem Zitronensaft steif schlagen. Mandeln, Speisestärke und Vanillezucker vermischen und unter den Eischnee heben. Die Masse in einen Spritzbeutel mit Sterntülle füllen.

2 Den Backofen auf 120 °C (Gas Stufe 1, Umluft 100 °C) vorheizen. Ein Backblech mit Backpapier belegen. Mit der Baisermasse Nester von 8 Zentimeter Durchmesser auf das Backblech spritzen. Etwa 60 Minuten backen, im abgeschalteten Ofen auskühlen lassen.

3 Die Gelatine in kaltem Wasser einweichen. Die Eier trennen. Eigelb und Puderzucker, Zitronensaft und 4 Esslöffel vom Obstgeist über heißem Wasserbad cremig schlagen. Die ausgedrückte Gelatine hineingeben und auflösen. Quark und Frischkäse einrühren. Kalt stellen.

4 Sobald die Quarkmasse fest wird, die Sahne mit dem Zucker steif schlagen und unterziehen. Eiweiß steif schlagen und ebenfalls unterheben. Kalt stellen.

5 Die Erdbeeren waschen, putzen, halbieren. Vor dem Servieren die Quarksahne in einen Spritzbeutel mit Lochtülle füllen und die Hälfte der Baisers mit der Quarkmasse bespritzen. Die Erdbeeren auf den Quark legen.

6 Das Johannisbeergelee mit dem restlichen Obstgeist vermischen, die Beeren damit überziehen. Die Rosenblütenblätter darauflegen. Die restlichen Baisers als Deckel obenaufsetzen. Sofort servieren.

Zutaten
Ergibt 12 Stück

Teig
- 3 Eier
- 250 g Zucker
- 1 Msp. Hirschhornsalz
- 2 EL Nordhäuser Doppelkorn
- 250 ml stichfeste saure Sahne
- 500 g Mehl

Füllung
- 200 g Himbeerkonfitüre
- 300 g abgetropfter Quark
- 100 g Schmant
- 2 EL Zucker
- 500 g Himbeeren

Glasur
- 200 g Puderzucker
- 2 EL Zitronensaft

Rahmhüllerle sind »richtig«, wenn sie während des Backens Risse bekommen und etwas in die Breite laufen.

Nordhäuser Rahmhüllerle

1 Den Backofen auf 200 °C (Gas Stufe 3, Umluft 180 °C) vorheizen. Die Eier mit dem Zucker schaumig schlagen. Das Hirschhornsalz im Schnaps auflösen und zusammen mit der sauren Sahne zur Eimasse geben.

2 Das Mehl sieben, nach und nach zugeben, den Teig gut durchkneten. Aus dem Teig kleine Kugeln formen. Ein Backblech einfetten, die Hüllerle daraufgeben.

3 Die Teigkugeln im vorgeheizten Backofen etwa 12 Minuten backen. Dann die Hüllerle herausnehmen und waagerecht durchschneiden.

4 Die Himbeerkonfitüre durch ein Sieb streichen. Die unteren Hälften der Rahmhüllerle mit der Konfitüre bestreichen. Den Quark durch ein Sieb in eine Schüssel streichen und mit Schmant und Zucker verrühren. Die Himbeeren abbrausen, abtropfen lassen.

5 Die Quarkmasse auf die Konfitüre klecksen, einige Himbeeren darauflegen und mit den oberen Hälften der Rahmhüllerle bedecken.

6 Den Puderzucker sieben und mit dem Zitronensaft verrühren. Die Rahmhüllerle mit der Glasur überziehen.

Zutaten
Ergibt 12 Stück

Teig
- 500 g Mehl
- 1 Würfel Hefe (42 g)
- 80 g Zucker
- 1/4 l Milch
- 80 g weiche Butter
- 1 Ei
- 1 Prise Salz
- 1 TL abgeriebene Schale von 1 unbehandelten Zitrone
- 50 g geriebene Mandeln

Füllung
- 250 g abgetropfter Quark
- 1 Eigelb
- 50 g weiche Butter
- 1 EL Zucker
- 100 g Rosinen

Glasur
- 250 g Puderzucker
- 2–3 EL Zitronensaft

Quarkzipfel

1 Das Mehl in eine Schüssel sieben, in die Mitte eine Vertiefung drücken. Die Hefe zerbröckeln und mit 1 Teelöffel Zucker in etwas lauwarmer Milch verrühren, in die Vertiefung gießen. Mit etwas Mehl vom Rand einen breiartigen Vorteig rühren. Zugedeckt an einem warmen Ort 20 Minuten gehen lassen.

2 Auf dem Mehlrand den restlichen Zucker, die Butter in Flöckchen, das Ei, das Salz, die Zitronenschale und die Mandeln verteilen. Von der Mitte her die Zutaten zu einem glatten Teig verkneten, dabei die restliche Milch zugeben. Nochmals zugedeckt 30 Minuten gehen lassen.

3 Den Backofen auf 200 °C (Gas Stufe 3, Umluft 180 °) vorheizen. Für die Füllung den Quark durch ein Sieb streichen und mit der Butter und dem Zucker verrühren. Den Teig auf bemehlter Fläche ausrollen. Quadrate von 12 Zentimeter Kantenlänge ausrädeln.

4 In die Mitte der Teigquadrate jeweils einen Klecks Quark geben, dann die Teigecken so einschlagen, dass die Zipfel aneinanderstoßen. In die Mitte einige Rosinen drücken.

5 Ein Backblech einfetten, die Quarkzipfel darauflegen und im vorgeheizten Backofen etwa 20 Minuten backen. Herausnehmen und auskühlen lassen. Für die Glasur den Puderzucker sieben und mit dem Zitronensaft verrühren. Die Quarkzipfel damit überziehen.

Über dieses Buch

Die Autorin

Oda Tietz ist studierte Germanistin und Journalistin. Seit über 20 Jahren liegt der Schwerpunkt ihrer Arbeit auf den Themen Essen und Trinken. Dabei sind zahlreiche höchst erfolgreiche Kochbücher entstanden. Oda Tietz lebt in Leipzig.

Der Fotograf

Karl Newedel, Münchner Fotodesigner, sammelte nach seiner Ausbildung zum Koch nationale wie internationale Erfahrung in großen Häusern, bevor er sich 1982 als freischaffender Food-Stylist einen Namen machte. Seit 1996 agiert er selbst hinter der Kamera und gibt mit seinen Fotografien zahlreichen Büchern ein unverwechselbares Gesicht.

Bildnachweis

Alle Fotos: Karl Newedel, München, mit Ausnahme folgender Bilder:
Wolfgang Feiler, Karlsruhe (7, 31, 85); Helga Florian, Weiden (8, 10, 13, 17, 23, 27, 43, 97, 117, 121, 123); Ulrike Schmid, Alling (41, 110, 115), Peter Albrecht, Neusäß (81), Yves Hebinger, Türckheim (91, 95, 101, 103, 105)

Umschlagabbildungen: Karl Newedel, München.
Das Rezept zum Titelfoto finden Sie auf Seite 76.

Haftungsausschluss

Die Inhalte dieses Buches sind sorgfältig recherchiert und erarbeitet worden. Dennoch kann weder die Autorin noch der Verlag für die Angaben in diesem Buch eine Haftung übernehmen.

Impressum

Weltbild Buchverlag
–Originalausgaben–

Steinerne Furt, 86167 Augsburg

Projektleitung: Bettina Spangler
Redaktion: Claudia Krader
Umschlaggestaltung und Innenlayout: x-Design, München
Layoutrealisation und Satz: Dirk Risch, Berlin
Reproduktion: Point of Media GmbH, Augsburg
Druck und Bindung: aprinta Druck GmbH & Co. KG, Wemding

Gedruckt auf chlorfrei gebleichtem Papier

Printed in the EU

ISBN 978-3-86800-094-8

Hinweis in eigener Sache

Unsere Rezepte werden von erfahrenen Autoren kreiert und erprobt. Wir freuen uns jedoch über Anregungen, Tipps oder Kritik und helfen bei Fragen gerne weiter. Bitte wenden Sie sich an: Weltbild Buchverlag, Steinerne Furt, 86167 Augsburg, oder schicken Sie uns eine E-Mail an: Gabriele.Beck@weltbild.com

Von A bis Z